食のことわざ春夏秋冬

語りつがれる「食育」の宝庫

沢野 勉

全国学校給食協会

装丁　周玉慧

食生活の知恵の宝庫
ことわざの世界へ

ことわざに学ぶ人生の知恵

昔からいい伝えられてきたことわざには、たくさんの知恵が込められていま す。ストレートに情報や意思を伝えることの多くなった現代では、マニュアル に沿ったいいまわしのような、限られた言葉で事が足りることが多いのですが、 端的なことわざひとつに、昔の人はさまざまの思いを込めて、いろいろなこと を教え、それなりの感情を伝えようとしたのでした。

例えば、よく知られた「犬も歩けば棒にあたる」という言葉――。これは文字 通りに解釈すれば、どうということもない情景をいっているのですが、これに も二通りの解釈があります。ひとつは、犬が出歩くと棒につまずくこともある、 つまり災いに出くわす、という意味。これは〝災い説〟と呼ばれます。そして、 ほかの解釈は、いろいろと歩き回ることによってチャンスは得られるものだ、というとらえ方で、これは〝幸い説〟といいます。

短いひとつの言葉に、まったく違った意味を持たせるところに、言葉の面白さがあるということでしょう。「人を見たら泥棒と思え」という反面、「渡る世間に鬼はなし」といいます。これは人生の両面を示しています。

お国ぶりを反映

桜前線とは日本独特の表現――。日本列島は桜のシーズンを迎える頃、桜の開花は南から北へと、しだいに北上していきます。花見と称して人が集まり、要するに飲み食いすることを楽しむわけですが、こんな時に出る言葉が「花より団子」。ところが、同じことをいうのに、イギリスでは「鳥の歌よりパン」と、団子はパンに変わります。
日本に限らず、各地にそれぞれの風土と生活に根差したことわざがあります。食べることに関していえば、その国や土地に馴染んだ食べ物が、これらのことわざの中に登場することで、世界への広がりを見ることにもなります。輸入の増加で各地の食材が食卓に上る時代です。食べ物と言葉を通して、いろいろの国や地域と、そこでの暮らしや人の考え方を探ることもできるでしょう。

四季の自然が彩る日本列島

幸い、日本列島は南北に長く、しかも温帯に位置しているために、四季折々に季節の特徴が際立っています。ことわざも、従ってその季節なりのものがたくさんあります。

そこで、ここでは歳時記のように季節を追って、古くからのいい伝えの言葉に込められた知恵を探っていくことにしましょう。

本書の構成は、俳句の歳時記にならって、春・夏・秋・冬となっていますが、歳時記が「新年」を加えて五部作になっているように、ここでは四季の区分に入らない〝番外編〟を入れて五部構成となっています。

春・夏・秋・冬では、それぞれの季節の食材を中心に、番外編では季節を問わない調味料や食事に関係する道具などを取りあげました。ことわざの持つ意味がよく理解できるように、関連することわざも同時にあげてあります。外国のことわざも、いくつか加えてあります。日本のことがよくわかることにもなるでしょう。

では、食生活の知恵の宝庫、ことわざの世界へ——。

目次

春のことわざ

食のミニ事典

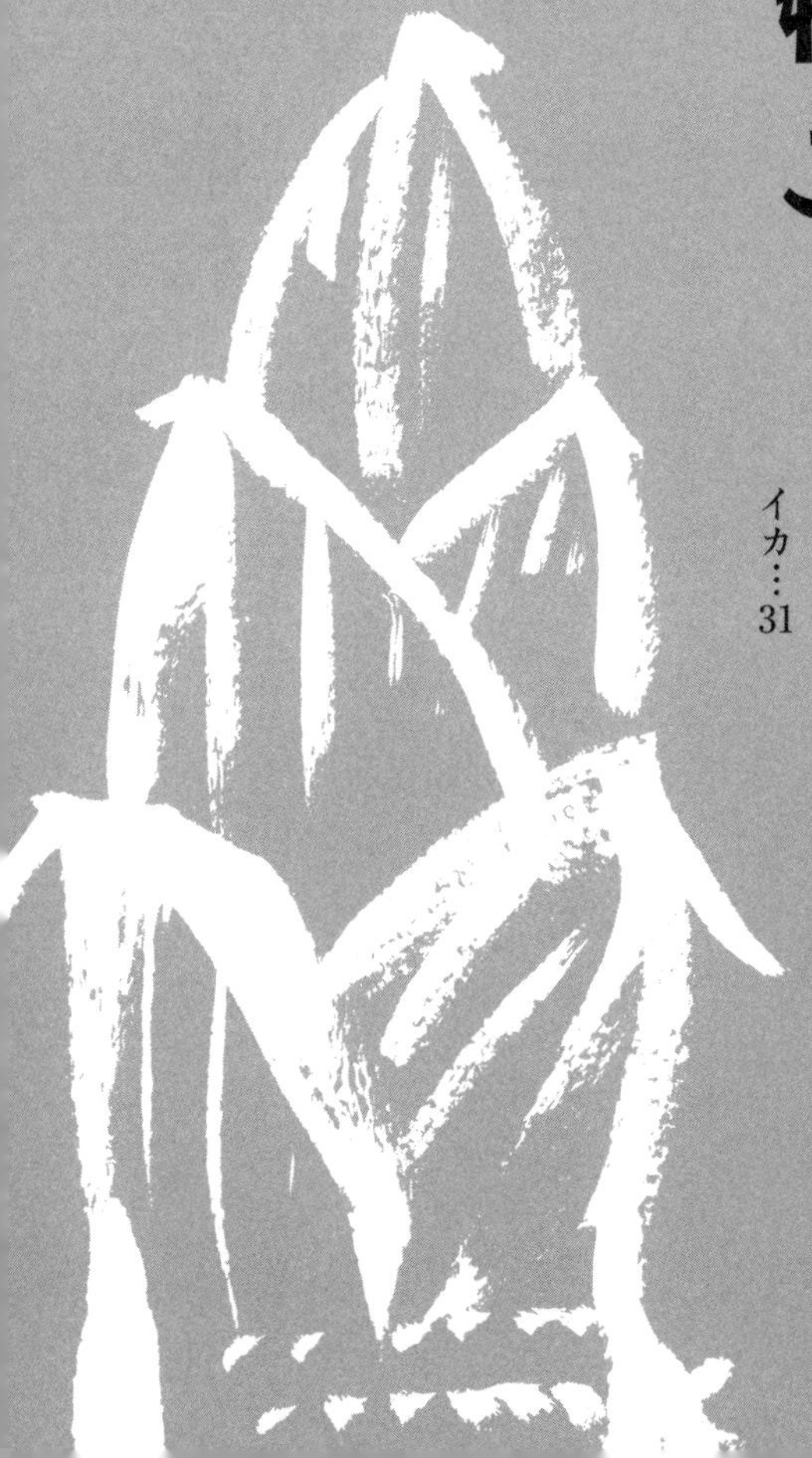

春の料理には苦味を盛れ

―自然の恵みで味のアクセント

摘草に感じた春の息吹き

摘草《つみくさ》は、春の野に出てツクシ、ヨモギ、ヨメナなどの野草を摘《つ》むことですが、身近な自然がしだいに遠のいてしまっている現代では、あまり体験する機会もなくなってきました。若草の緑が萌え出すこの季節、摘草を含めた春の野遊びは踏青《とうせい》ともいわれ、俳句の季語では〝青き踏む〟という言葉もあります。昔の人は春風に誘われて野に出て、食用となるものを摘んで利用してきました。

食品成分表にも、セリ、ツクシ、ナズナ、ノビル、ヨメナ、ヨモギと、野草といわれるものがいくつも載っています。これらの中には、ビタミンCやビタミンA、ビタミンB_1などの多いものがたくさんあります。例えばヨメナのビタミンAはホウレンソウ以上、ビタミンCはキャベツ以上です。

野草の利用は、冬場の青野菜が不足する時期を過ごした後の、ビタミン類を補給するという効用もあったのでしょう。

苦味は味を引きしめる

「春の料理には苦味を盛れ」は、このような野草の利用を勧めた言葉です。野草には苦いものが多いので、その苦い味を積極的に料理に取り入れることによって、栄養豊かな食べ方をしようと教えているのです。

苦味は本来は人間にとって好ましくない味ですが、逆にごくわずかの苦味は、味のアクセントとして、おいしさをつくる要素ともなっています。ビールの原料とされるホップには、フムロン、ルプロンといった苦味成分が含まれていますが、この苦味がビールの味を引き立てています。料理の味にもこれはいえます。

春の料理には、確かにこの種の

ものが多いようです。フキノトウはその代表的なものといえるでしょう。たくさん食べるものではないけれど、フキノトウのてんぷらを口に入れたときに味わう苦味は、今年もまたこの季節になったと、春の到来を告げてくれます。

「えぐい渋いも味のうち」

「酸《す》いも甘いも噛み分ける」といえば、世の中のさまざまの体験を積んで、人生の機微をわきまえた人を指す言葉です。ここでは、酸味と甘味が、世の中のあれこれに例えられています。味にはさらに塩味と苦味を加えて、甘、酸、塩、苦が四つの基本の味（四原味）とされています。最近は、旨味を加えて五味とすることもあります。

このほかに旨味、渋味、えぐ味といった味もあり、味の種類はいろいろです。これらの中で、最も嫌われるのが渋味とえぐ味。

えぐ味は未熟なサトイモなどで感じられる口がしびれるような味。ホモゲンチジン酸がえぐ味の主体とされています。単独では決して好まれることのない、えぐ味や渋味といったマイナーな味も、広く食べ物の味を知る中では、それなりに大切――。「えぐい渋いも味のうち」という言葉は、食べ物の味の広がりをいった言葉とみることができます。

食のミニ事典

フキ（蕗）・フキノトウ

（英）butterbur
（学）*Petasites japonicus* Miq

キク科の多年草で、数少ない日本原産の野菜。野生のものが利用されるほか、栽培されているものが出回っています。フキノトウはフキの若芽で、春先に市場に出ます。

栽培種のフキの品種で多いのが愛知早生で、市販品の大半を占めています。愛知県は江戸時代からフキの栽培が盛んだったところでした。当時のものは晩生でしたが、のちに早生の品種ができて、これが主流となりました。そのほか、大阪の水ブキ、秋田の秋田大ブキがあります。煮つけとするほか、つくだ煮や砂糖漬などの加工品も作られます。

食用とされるのは葉柄の部分で、特に栄養価の高いものではありませんが、フキノトウにはカロテン、ビタミンAが豊富に含まれています。ただ、食べる量がわずかなので、やはり風味を味わう食べ物ということでしょう。

お月様と菱餅

――「月とすっぽん」の対比

彩り豊かなひな祭りの食べ物

三月三日、女の子の節句のひな祭り――。ひな祭りにひな人形を飾る風習は、江戸時代中期頃に京都で起こったもので、飾りつけは宮廷の生活を模倣し、その習俗をかたどったものといわれます。ひな段のいちばん上に飾るのが内裏《だいり》びなですが、内裏とは、昔の天皇の御殿のこと。古い時代には左が右より上位だとされていたので、男尊女卑の時代の考え方から、左が男、右が女とされていました。それが明治時代以後、洋風の様式を反映して、男女の位置が変わります。

ひな祭りの食べ物には、五目ずし、蛤《はまぐり》の吸い物、ひなあられ、菱《ひし》餅《もち》などがあります。春めいてくる季節の華やかな気分にふさわしい、美しい彩りのものが目立ちます。何色ものひなあられ、赤白緑の三色の菱餅――その菱餅の形に注目してみましょう。

菱形はヒシの実から

まったく違う、両者に大きな開きがあるということを〝天と地ほども違う〟といいます。この言葉のもとは、中国語の「天壌之別」で、天壌は天と地のこと。ヨーロッパでは、天と地が昼と夜となり、〝昼と夜ほども違う〟となります。

「お月様と菱餅」は、月の丸い形と、菱餅の菱形の形とを並べて、まったく似ていない、ということを示しています。

菱餅は文字通り菱形の餅。ふつうは食紅の赤い色と、草餅にも使うヨモギの緑色、それに何も加えない白い餅との三色で、三段に重ねて飾ります。

菱形は四辺の等しい長さの線で囲まれた、やや扁平な四角形ですが、この言葉は植物のヒシの実の形から生まれたものです。ヒシは沼などに自生するヒシ科の植物で、この実が平たい角ばった四辺形であることから、菱形の名称ができました。

　食品成分表にも、ひしの実は載っています。成分は炭水化物が40・0％、ビタミンB_1も豊富です。ゆでて食べたり、米と一緒に炊き込んだり、菓子材料とされたりしてきました。

優劣が強調される

　菱餅という食べ物が、庶民の親しみやすいものだったから、わかりやすい物事の違いを表すたとえに使われたのです。〝天と地〟や〝昼と夜〟や〝火を見るより明らか〟といったような、やや抽象的ないい方よりも、菱餅という具体的な食べ物を登場させることで説得力があり、加えてユーモラスな含みが感じられます。

　同じように〝月〟が出てくることわざに、「月とすっぽん」があります。スッポンは、縄文人も食べていたといわれるように、古くから食用とされていました。日本で庶民の食用となったのは、京都では十七世紀後半（天和・貞享の頃）、江戸では十八世紀半ば（宝暦の頃）とされています。甲が丸いので「まる」と呼び、鍋は「まる鍋」といいます。

　「月とすっぽん」は、同じ丸い形であっても、月は空の高みにある、それに対して、スッポンは池の底にいる——その距たりたるや、たいへん大きなものがある、ということです。つまり、こちらは程度の差、さらにいえばその優劣を示す言葉となっています。

　このような言葉が生まれたのは菱餅やスッポンが、それだけ食べ物として親しまれてきたからでしょう。

食のミニ事典

スッポン

（英）softshelled turtle
（学）*Trionyx sinensis japoniccus*

　爬虫類綱カメ目スッポン科のカメの総称。背中の甲羅が軟らかいので、英名は“軟らかい甲のカメ”とされます。属名のトリオニクスは、ギリシャ語の数の接頭語tri（３の意）とonyx（爪）から名づけられたもの。指は５本あるものの、爪が生えているのは３本であることによっています。

　甲羅が丸いことから、通称“まる”と呼ばれ、すっぽん鍋のことを“まる鍋”といいます。首を切り落として血を出し、内臓を除いてぶつ切り、薄口しょうゆで味つけして土鍋で煮たのがすっぽん鍋。

　スッポンの栄養価は、食品成分表で見ると、カルシウム、亜鉛などのミネラルが豊富で、ビタミンB_1は豚肉並み、B_2は牛肉や豚肉よりずっと多く含まれています。肉に脂肪は少なく、煮込んだあとのゼラチン質を含んだスープの味は格別です。

鯛もひとりは旨からず
――みんなで食べる楽しさ

〝孤食〟が問題とされる時代

NHKテレビで放映された「なぜひとりで食べるの」というドキュメント番組がきっかけで、子どもがひとりで食事をとる、いわゆる孤食が問題とされるようになったのは、もう十数年も前のこと。高齢化社会が加速して、ひとり暮らしの高齢者の孤食も進行しています。

鯛（タイ）は魚の中でも、最も上等な価値の高いものとされてきました。〝鯛〟の字は魚偏に周で、周は〝周《あまね》く〟、つまり周辺を広く訪ねて探し、その揚げ句に得られた旨い魚、という意味からできた字とされています。めでたいの〝たい〟という語呂合わせもあって、祝の席には欠かせない魚。〝鯛の尾頭《おかしら》つき〟といえば、ごちそうの代表的なものです。

そのタイすらも、ひとりで食べたのでは、その旨さはわからないといったのが、「鯛もひとりは旨からず」です。

ことわざによく登場するタイ

「腐っても鯛」は、たとえ腐ったとしても（食品衛生の上からはとんでもないことですが）、タイは味が良いという意味。これは身が硬く、サバやイワシのような青魚と違って血合いも少ないので、タイは傷むのが遅く、多少古くなったものでも焼けば食べられる、ということも示しています。

ただ、この言葉が使われるのは、食べ物としてのタイよりも、むしろタイになぞらえて、優れた人間、高貴な生まれの者などが、たとえ落ち目になっても、それなりの力を発揮する、というような場合に使われます。

「鯛も平目《ひらめ》も食うた者が知る」は、どんなものでも、食べて初めて味はわかるものだということ。

「百聞は一見に如《し》かず」が目で確かめて初めて納得というのに対し、こちらは舌で確かめて自分なりの評価をすることが大切だということをいっています。

　タイが優れたものの代表とされるのに対して、その反対の位置におかれるのがイワシです。予期した以上の収穫を得たり、幸運をつかんだりした状況をいう言葉に、「鰯《いわし》網に鯛がかかる」があります。

「隣のかて飯」にも共通

「鯛もひとりは旨からず」と同様に、食べることの興味深い側面をいい表している言葉があります。ここでもイワシが引き合いに出されて、「うちの鯛より隣の鰯」――ここでもイワシは気の毒にタイより味が落ちるものとされているのですが、そのイワシも隣の家で食べると、わが家で食べるタイよりもおいしいというのです。

　同じことをいったのが「隣のかて飯《めし》」。かて（糧）飯は、米以外の雑穀などを入れて炊いたご飯で、貴重だった米が思うように食べられないため、いわば増量材としてほかのものを入れたものなのですが、そのかて飯も隣の家で食べるとおいしいと感じるのでしょうか。気分が変わると、不思議に食べ物の味は変わるものなのです。

中国では竜と蛇が対比

日本でタイとイワシが対比されるのと同じように、中国では竜が優れたもの、蛇《へび》が劣るものといったいいまわしがあります。始めが良くて終わりがだめなのが「竜頭蛇尾」。日本で「鯛の尾より鰯の頭《かしら》」が、中国では「竜の尾より蛇の頭」となります。

食のミニ事典

タイ（鯛）

（英）sea bream
（学）*Pagrus major*（マダイ）

　スズキ目タイ科の魚で、日本にはタイと名のつくものは200種にも及ぶといわれますが、タイ科に属する本来のタイは10種余りと限られています。タイの代表とされるのがマダイ（ホンダイ、オオダイ）です。マダイのほかには、キダイ、クロダイ、チダイ、ヘダイなどいろいろあります。

　冬から春に味が一段とよくなるとされ、俳句では“鯛”は春の季語とされています。

　最近では天然ものは減少して、養殖ものが市場の大部分を占めています。タイの養殖はハマチに次いで生産量で２番目で、普段お目にかかるのは、すべて養殖ものです。

　祝の膳には塩焼きの尾頭つき。そのほか、刺身、なます、ちり鍋、煮物と用途も広く、さらに鯛みそ、でんぶなどの加工品としても利用されています。

麻の中のよもぎ

——育つ環境が大切との教え

人は自然から教えられる

浅い春の訪れとともに、やや白っぽい葉の色をしたヨモギは、ほかの草に先駆けて顔を出します。大きくならないうちに摘み取って、草餅《くさもち》（草団子）の材料として使います。

このヨモギ、四月過ぎるとぐんぐん大きくなり、周囲一帯に葉を茂らせます。所構わずに葉を広げていくように繁茂するヨモギですが、もし麻がたくさん生えているところに一株育つとしたら、周囲がまっすぐに伸びる麻ばかりならば、ヨモギでさえ麻と同じようにまっすぐに育つだろう——というわけで、「麻の中のよもぎ」という言葉が生まれました。「麻に連《つ》るるよもぎ」ともいいます。

人も周囲が良い人間に囲まれていれば、自然と感化を受けて良い人間として育つ、という意味に使われます。自然の姿から、人間社会の教訓を作り出したものです。

日本と中国　違いと共通点

日本のことわざには中国から伝えられたものがたくさんあります。まったく同じものがある一方、少し違ったものもあります。春の彼岸に食べられる牡丹餅《ぼたもち》。これにちなんだ有名なことわざが、よく知られた「棚から牡丹餅」です。同じように牡丹餅（あんの入ったまんじゅう）が出てくるのですが、中国では、なんと棚が空となり、「天下掉下餡ル餅来《ティエンシャアデャオシャアシュアルビンライ》」と、天から牡丹餅が落ちてくるとされます。ひと回りスケールが大きくなるところがミソです。「麻の中のよもぎ」は中国でも同様のことわざがあります。

直と曲、善と悪との対比

まっすぐに伸びる麻、まっすぐ

にとはいかないヨモギ。「麻の中のよもぎ」は、この対照的なふたつを対比させています。ここでは麻が善、ヨモギが悪（少なくとも善でない）で、良いものの影響が強いところでは、それが周辺に及ぶ、ということをいっています。これと反対に、悪いものの影響を受ける場合の言葉が、「朱に交われば赤くなる」です。

「悪貨は良貨を駆逐する」もこの関係をいう言葉。質の良い貨幣と悪い貨幣とが共に流通しているときは、質の良い貨幣はため込んだり、鋳《い》つぶしたりして市場から消えやすい――そのため悪貨がはびこる、というのが「グレシャムの法則」。グレシャムは十六世紀のイギリスの財政家で、彼が提唱した「Bad money drives out good.」という考え方から、この言葉だけが広まりました。悪がはびこる世の中では善人は不遇である、というように使われています。

沖縄料理のフーチバー

もちぐさとして草餅に使われるヨモギですが、沖縄では野菜として料理にも使います。牛肉とフーチバー（琉球言葉でヨモギ）の汁は、離乳期に母乳を止めるのに効果があるということです。（『てぃーあんだ・山本彩香の琉球料理』、沖縄タイムス社）。泡盛と味噌味で牛ロースを煮込み、最後にヨモギを入れます。

食のミニ事典

ヨモギ（蓬）

（英）mugwort
（学）*Artemisia princeps Pampanini*

キク科の多年草。モチグサ、ヨモギナともいいます。種類が多く、シロヨモギ、カワラヨモギ、カワラニンジン、ヒメヨモギなど。代表的な野草ですが、食品成分表にも野菜のひとつとして記載されています。同じく野草のヨメナとともに、カロテン含量が多く、100g中5,300 μg、ビタミンCも35mgと、ホウレンソウ並みです。

若葉を摘んでゆでてつぶし、餅に搗《つ》き込んだものが草餅で、緑色の鮮やかさが春の彩りとして親しまれてきました。米飯に炊き込むとよもぎ飯ができます。

秋に伸びきったヨモギの葉を乾かしたものがもぐさ（艾）で、これに火をつけて灸として病気の治療に用います。草餅と艾の両方に役立つヨモギ、もとは同じということで、こんな江戸時代の川柳があります。

「兄弟は他人のはじめ　餅 艾」

花より団子

——おおらかな食の讃歌

花見に飲食はつきもの

花見は千年も昔、平安貴族たちが行っていた行事でした。いったん廃れていた風習を秀吉が復活させたとされ、さらに江戸時代、花見の風習は庶民の間にまで広まっていきました。落語の「長屋の花見」では、家賃も滞りがちな長屋の住人たちが、番茶を酒に、目刺を尾頭つきの魚に、だいこんをかまぼこに、たくあんを卵焼きに見立てて花見に出かける話が出てきます。

やはり飲んだり食べたりするものがないことには、花見は始まりません。花だけがあっても、それだけでは物足りない、実質的な腹の足しになるものが大切、というときに使われる言葉が、「花より団子」です。「酒なくて何の己が桜かな」も、同じような意味です。おおらかに食べることの大切さ、楽しさを讃えた言葉です。

心とモノとのあいだ

英語のことわざで、「花より団子」にあたるのが、「鳥の歌よりパン」（Bread is better than the song of birds.）です。確かに、美しいものを賞でる心は大切なものではありますが、食べることなくしては人は生きていかれません。人は〝パンのみにて生くる者〟でないことも確かですが、パンなくしては生きられないのも事実です。

心、思いやり、言葉といった目に見えないものと、団子やパンのように具体的なものとを対比させて、どちらにウエイトをおくかを示した言葉には、いろいろのものがあります。

「思し召しより米の飯」は、なまじ親切な（ふりをして）声をかけてくれるよりは、一杯の米飯のほうがよい、ということをいっていいます。もっとも、これには逆の意味を表した言葉があり、こちらは「米の飯より思し召し」、つまり、モノやカネだけ出せばいいという考え方に対して、心が込もっていないことへの批判を示した表現です。言葉を入れ替えただけで、両方とも意味が通じ、しかも逆のことをいっている、というのが面白いところです。「搗《つ》いた餅より心持ち」も同じこと。これも要は、モノさえ与えれば済むといった安易な考え方を戒めたことわざで、思いやる気持ちがいつもなければだめ、ということをいっているのです。

団子が出てくる言葉いろいろ

団子は庶民の食べ物として、たいへん身近なものです。そこで、団子が出てくることわざもたくさんあります。「開いた口へ団子」といえば、労せずしていい思いをすることに使います。「開いた口へ牡丹餅《ぼたもち》」も同じこと。

「彼岸がくれば団子を思う」は、春と秋の彼岸に先祖の霊を偲ぶというときになって、この行事につきものの団子のことが頭に浮かんで、彼岸の行事よりも先にまず旨いものが食べられることに思いを馳せるという、その気持ちをいう言葉です。もとより人間は食い意地がはっているもので、これが人間の本性かもしれません。

「団子さえ食えば彼岸だと思う」というのもあります。彼岸の行事に食べる団子が口に入るだけで、ほかのことは関係なしに彼岸が訪れたと思ってしまう浅はかさを嘲笑した言葉。「花より団子」が古くから広く口にされてきたのは、七音で端的にいい切ったわかりやすさにもよります。

食のミニ事典

団子

(英)dumpling

団子の“団”は本来は團の字で、口（くにがまえ）の中の下の部分を書いて、団の字ができました。団は「摶《だん》」（丸めるの意）と同じで、丸いものをいいます。

中国語では「丸子」（ワンズ）と、文字通り丸いという字を書きます。面白いことに、英語でも、肉団子のようなものはdumplingで、ダンという発音は共通しています。

団子の語源は、五穀や蜜、薬草などを練り合わせたものを団喜と呼ぶことからきたとされています。要するに丸いものというのは、作りやすいし、安定した形状のために、食べ物の形として親しまれていたのでしょう。

団子は米粉をはじめ穀類の粉に水を加えてこねて、蒸したりゆでたりしたもので、あんやきな粉、しょうゆをつけるなど、多くのバリエーションがあります。

すべての卵をひとつの篭に入れるな

──「復活」のシンボル

外国に多い卵のことわざ

　四月にはキリスト教の復活祭、イースターがあります。キリストの復活を祝うこの復活祭、古くから行われていた行事です。四月初旬、春分後の最初の満月の後にくる第一日曜日、この日には着色された卵を配り、これを飾る習慣があります。この祭りの起こりは大変古いものですが、ちょうど春の到来、一陽来復の季節であって、キリスト教の普及以前からの、春の祭りの名残をとどめたものともいわれています。

　イースターの卵にちなんで、卵についてのことわざを眺めてみましょう。

「すべての卵をひとつの篭《かご》に入れるな」は、フランスのことわざ。持っているものを全部まとめて保管していると、もし損害を被れば、すべてが失われてしまう――大切なものはある程度分散しておいたほうがよい、といった教えです。

　身近な食べ物である卵を例にしたところがミソですが、篭に入れたいくつもの卵が出てくるのが、日本と違うところです。

　日本での卵の扱いは、せいぜい外側からの形をいっている「丸い卵も切りようで四角」（「物も言いようで角が立つ」と続ける）とか、「卵に目鼻」（白くて丸くてかわいい顔。「炭団《たどん》に目鼻」はその反対）など、やはり、関わりは浅いということでしょうか。

卵のある暮らしが生んだ言葉

　同じくフランス（イギリスやドイツでも、とされていますが）のことわざに、「卵を割らなければオムレツはできない」というのがあります。何かやる場合には、当然、それなりの代償を払わなければならない、ということです。代償を払うというところのニュアンスが少し変わりますが、「卵を食べようとする者は鶏を飼わなければならない」（デンマーク）となると、こちらは手間をかけるといった努力が欠かせない、ということになります。

　この種のことわざ、その土地なりの食べ物を例にして、同じ内容のものがよくあります。「牡蠣を食べようとする者は殻を開かなくてはならない」（デンマーク）や、「クルミを割らずに中身を食べられない」（ロシア）も、同じ系譜のものです。

「鶏は飛んでいった、卵は割れた」

　日本に比べて卵を食べることの多かったヨーロッパや中国などには、それだけ卵を題材にしたことわざがたくさんあります。

〝蛋白質《たんぱく》〟の蛋の字は、中国語で卵のこと。卵白の固形分のほとんど、10％はたんぱく質であることから、〝蛋白質〟という言葉ができました。そこで、鶏卵は〝鶏《ヂィ》蛋《タン》〟といいます。

　中国の市場では、今でも生きた鶏が売られていて、それを品定めしながら買っていって、自分で絞めてから料理をします。農家では鶏を育てて、これを市場に持っていきます。日本でも農家の庭先で鶏を飼って、自家用の卵を採ることは広く行われていました。鶏がいて、その鶏が生んだ卵がある、ところが鶏は飛んでいってしまった、しかも残された卵も割れてしまった——何もかも失って何も残らない、あるいは、あれもこれもと思ったが、どちらも駄目、「虻《あぶ》蜂《はち》捕《と》らず」といった状況が「鶏《ヂィ》飛《フェイ》蛋《タン》打《ダ》」です。卵と同時に鶏も出てくるところが、いかにも中国的です。

食のミニ事典

卵

（英）egg

　動物学の上では“らん”となります。食用としての卵は、あひる、うずら、特殊なものでは亀の卵もあります。魚卵もイクラ、タラコ、カズノコなど。ただ、ふつうに卵といえば鶏卵。

　現在、日本の鶏卵生産量は1年間に約250万tで、一般家庭で消費されるテーブルエッグが消費全体の約70％、それ以外が加工・業務用に向けられています。

　加工用とされる卵には、液卵、凍結卵、乾燥卵があり、それぞれに全卵、卵黄、卵白があります。

　マヨネーズ、皮蛋（ピータン）のようなよく知られた加工品のほかに、最近では卵の機能性成分を精製して医薬品への利用も進んでいます。

　一般には捨てられてしまう卵殻も、カルシウム剤としての活用が図られています。

筍の親まさり
——感触を楽しむ季節の味

貴重な季節の味

四月から五月が筍（タケノコ）がおいしい季節です。この季節を過ぎると味が落ちるので「五月蕗《ふき》に六月筍」として、季節を過ぎた味の例とされました。フキは五月になったらもう遅い、タケノコは六月になったら、これまた時期外れだ、という意味です。

　現代のように保存技術が進んでいなかった昔は、自然が提供してくれる素材が出回るのは旬《しゅん》といわれる出盛りの時期だけ。今では缶詰や冷凍品で季節外でも食べられるタケノコも、かつては季節外に食べることは不可能でした。そこで、あり得ないことをいう「師走筍、寒茄子《なすび》」という言葉も生まれました。

驚異的な成長のスピード

「雨後の筍」という言葉があるように、タケノコは発芽の条件が整うと一斉に伸び始めます。そのスピードも驚くほど早く、一日に１２２㎝という記録もあるといいます。単純に計算しても一時間に５㎝。たいへんな成長力です。

　タケノコが元気よく伸びてくる勢いをいった言葉が「筍の親まさり」です。これは子どもが親よりも優れているという意味でも使われます。「鳶《とんび》が鷹《たか》を生む」や「鳶が孔雀《くじゃく》を生んだ」も、同じことをいったものです。

　この反対、子どもは親の能力相応にしかならないものだといったのが、「瓜《うり》の蔓《つる》には茄子はならぬ」です。「蛙《かえる》の子は蛙」も同じこと。身近な食べ物、動植物を題材として、いろいろと教訓的なことわざが作られています。

　雨の後ににょきにょきとタケノコが出てくる様子をいった「雨後の筍」は、竹が豊富に育っている中国や日本での表現で、ヨーロッパでは、これは「Like mushrooms after rain.」と、タケノコがマッシュルームに変わります。

「鰊と筍」

タケノコは日本人に馴染み深い食べ物なので、多くのことわざに登場します。ちょうどタケノコの出回る季節、ニシンが獲れることもあって、両者は料理の相性が良いとされます。そこから、気の合う仲の良い者同士の関係は「鰊《にしん》と筍」といわれます。

タケノコはいずれにしても感触を楽しむ食品で、ワカメと一緒に煮た若竹煮や若竹汁は、ワカメの滑らかさとタケノコの歯ざわりの対比が身上の料理といえます。

「垣根の筍で出ると取られる」

タケノコは所構わず頭をもたげるので、垣根にも出てくる――。そこで、垣根のタケノコは邪魔だから、すぐに取られてしまうということでしょう。「垣根の筍で出ると取られる」という言葉があります。〝出る〟と〝取られる〟がかけ言葉で、やたら出歩くと出費がかさむ、という意味です。

「出る杭《くい》は打たれる」は、物事を率先してやると、頭を押さえられる、といったときに使いますが、垣根のタケノコのほうは、余計なことは謹めということでしょう。

―食のミニ事典―

タケノコ(筍)

(英)bamboo shoot sprout
(学)*Phyllostachys heterocycla* (*carriere*) Mitf

竹は米とは関係ないようですが、米と同じくイネ科(タケ亜科)の植物です。竹の新芽で土の表面に出たものがタケノコです。タケの名は、成長が早いことから“長《た》ける”や“猛《たけ》し”あるいは“高し”が転じて名づけられたとされます。

食用とするのは、モウソウ(孟宗)、ハチク(淡竹)、マダケ(真竹)などで、一般に最も広く食べられているのがモウソウチクです。

中華そばに添えられるメンマは、マチク(麻竹)を刻んで乾燥させたもので、台湾産のものが出回っています。

国内では福岡産のものが最も多く、缶詰や袋詰として加工されたものでは、中国産が年間10万t以上輸入されています。家庭での購入量は、4月から5月に多くなっています。

独活の大木

——大きいことはいいことか？

気の毒な役回りのウド

動物にしろ植物にしろ、人間社会の評価が良いものと悪いものとがあります。動物でいえば、キツネは多くの場合、いじわるの役回り、サルはずる賢い役回りとして描かれます。オオカミのように人間に危害を加えるものは仕方ないとしても、それほどでもない動物でも悪役とされるものがあります。

植物では動物の世界ほど擬人化されることはないものの、やはり価値のあるものと、そうでないものという位置づけはあるようです。小さいうちは食用となるけれど、大きくなると何の役にも立たない、人間も柄が大きいだけで、さして能力もないとされるとき、悪口として使われるのがこの「独活《うど》の大木」です。反対に、柄《がら》は小さいけれども才能に恵まれ機転が効くことは、「山椒《さんしょう》は小粒でもピリリと辛い」となります。

食用となる段階のウドは、組織が軟らかいので、煮ると大きく膨れてきます。そこで、「独活の煮え太り」という言葉ができました。これも大きくなっただけで中身は変わらない、要はふやけた状態をいったもので、決して良い意味ではありません。

淡白な風味が魅力

野菜の中では地味な存在のウドが、このように昔からあることわざに出てくるということは、それだけ古くから親しまれてきたということを示しています。ただ、食材としての位置づけは、いつも控えめです。ウドは独特の香りこそあれ、味は淡白で見た目も派手さはありません。江戸時代から酒の肴にもされていたことは、食べ物がよく登場する池波正太郎の世界にも描かれていることからもわかります。

江戸は小石川（現在の文京区）

丸山片町の茶屋の三好屋での弥七と秋山大治郎が酒を酌み交わす場面――〃肴は、茄子《なす》の新漬に溶き辛子をそえたもので、それに独活の塩もみが出た〃とあります。ここでは季節は春を過ぎていることになっていますが、俳句の季語では〃独活〃は春、〃独活の花〃は夏の季語です。花も淡緑色のあまり目立たない花です。

都市農業の立役者として健在

江戸時代後期には江戸の近郊での栽培が始まりました。十九世紀初期、文化年間に旧吉祥寺村（現在の武蔵野市・吉祥寺）で栽培が始まり、その後、西方に拡大して、今では東京・立川市が最大の栽培地で、ウドは都市農業の立役者となっています。東京都全域の生産量約500tのうち、190tと、三割を立川産が占めています。立川市ではウドは地場産業として町興しの一翼を担っていて、立川市商店街振興組合連合会のチラシには、「うどは立川の旬です」とのコンセプトで、うどラーメンをはじめ、うどサラダ、うどピザなど、ウド料理がたくさん紹介されています。

高層ビルの林立する東京にも、農業はまだ健在です。地下の穴蔵《むろ》で育てる付加価値の高いウド――ヘルシーな素材の魅力もあって、昔ながらの伝統的な食べ物が、今トレンディーな食品として注目されています。

日光を避けて暗い所で栽培するという点では、もやしも同じです。ネギの白い部分も土を覆って日が当たらないようにした所です。もやしのように日陰で育ち、逞しさがない、ひ弱な子どもが〃もやしっ子〃。もやしに罪はありません。

食のミニ事典

ウド（独活、土当帰）

(英)udo
(学)*Aralia cordata* Thunb

日本原産とされるウコギ科の多年草。中国、朝鮮半島にも自生、昔から山菜として親しまれてきました。現在市販されているものは栽培種で、改良された品種の伊勢白、愛知坊主、愛知紫など。

芽だけでなく、若葉、つぼみも食用とされます。あえ物、酢の物、吸い物、刺身のつまなどにされ、独特の香りが特徴です。

冬から春にかけて、地下3～4mに設けた穴蔵（ムロ）の中に、畑で育てた種株を植えて、日光を遮った状態で軟化させて育てます。太くて白い品質の良いものを作るためには、ムロの温度を20℃以下に保つことが大切な条件です。伏せ込みから収穫まで30～35日かかります。

アスパラガスと同様に、軟化の技術を活用して作る柔和な感触は、ほかの野菜にない味わいです。

五月肩こり納豆月
——健康食品としての納豆の評価

重労働だった田植

米作りには、大事なポイントとなる労働が四つあります。まず、田んぼに水を張って土を起こす代《しろ》かき、そして田植、稲が成長してくる暑い時期に行う草取り（田の草といいます）、それに稲刈りです。作業の大部分は、腰をかがめたままの姿勢で行うために、筋肉痛もひどかったのでしょう。

現在では田植も稲刈りも機械化が進んでいますが、全部が手作業だった時代では、随分からだに負担がかかったものでした。

ビタミンB_1不足に豆類

米中心の食生活では、ビタミンB_1の不足が問題となります。古く江戸時代、米の精白が進んだことと、それまで地方にいて麦飯を食べていた人たちが江戸にやってきて白米を食べ始めたこととで、当時の江戸には〝江戸患い〟といわれた病が蔓延《まんえん》していきました。これは結局、ビタミンB_1不足による脚気《かっけ》だったのです。

豆類にはビタミンB_1やB_2が豊富です。からだのだるい時に、これを治す民間療法として、小豆を煮て食べることが行われていたのも、ビタミンB類の補給の効果を期待してのことでした。

「五月肩こり納豆月」は、忙しいこの季節には肩がこることも多い、その対策には納豆を食べるのが良い、と教えた言葉です。納豆の効用は、夏が終わって夏の疲れがぐっと出てくる秋口の頃にも、「九月納豆は何よりありがたい」といわれ、讃えられています。

注目される納豆の価値

大豆は〝畑の肉〟と呼ばれるほどの栄養食品ですが、納豆に加工することで、新たな価値が生まれてきます。ビタミンB_1は大豆が100g当たり約0・8mg、これが納豆になると（水分が5倍に増えることもあって）約10分の1に減少しますが、ビタミンB_2は生大豆の0・3mgから0・56mgと、2倍近くまで増加します。これは納豆菌が発酵の途上でB_2を合成するためです。ビタミンKでは、なんと国産大豆18μg、中国産と米国産30μgのものが、納豆になると870μgと、何十倍にも増えるのです。

　ビタミンKは、最近研究が進んで、骨の石灰化の調節にも関係していることがわかり、骨粗鬆症の予防にも役立つといわれています。

　納豆には、さらにアミラーゼ、プロテアーゼ、インベルターゼ、ウレアーゼなどの酵素が含まれています。血液中の血栓を分解するウロキナーゼと同様の作用を持つ酵素も知られており、これはナットウキナーゼと命名されています。

粘りの少ないタイプも

　地域的にみると、日本中で最も納豆をよく食べるのは北関東から東北地方。総務庁の「家計調査年報」で見ると、都市では水戸市が消費量トップです。水戸の駅には、わらでくるまれた土産向けの納豆がたくさん並んでいます。

　もっとも、関西地方でも以前に比べると納豆の消費は増えてきています。粘りが少なく、香りのあまり強くないタイプの納豆も売り出されています。これからは、さらに広い層への普及が進んでいくでしょう。

　米の消費量が減少しているために、納豆メーカーは、スナック菓子など米飯以外の納豆の用途の開発に力を入れています。

食のミニ事典

納豆

(英)fermented soybeans
(学)*Bacillus natto*(納豆菌)

　大豆を蒸したり煮たりした後、納豆菌やこうじかびの働きで発酵させた食品。四訂の食品成分表には、糸引納豆、五斗納豆、寺納豆（別名：塩辛納豆、浜納豆）の３種類があり、五訂の食品成分表（新規食品編）で、さらに挽きわり納豆が加えられました。

　糸引納豆が古くから関東地方や東北地方で好んで食べられていた、文字通り糸を引く、粘り気のある納豆。製造段階で働く微生物は納豆菌です。

　これに対して、関西地方で食べられていたのが、中国の鼓《くき》が伝わったとされる浜納豆（塩納豆）です。こちらは納豆という名はあるものの、働く微生物はこうじかびです。

　五斗納豆は山形県米沢地方で伝統的に作られてきたもので、糸引納豆に米こうじと食塩を加えて発酵させたものです。納豆菌の学名は、納豆からつけられました。

花見過ぎたら牡蠣食うな
——この季節、食中毒に注意！

花見の季節の食品衛生

　牡蠣（カキ）は貝の中でも人気の高いもので、生ガキ、フライ、土手鍋、酢ガキ、カキ飯などと、料理のレパートリーも豊富な食品です。英語の月名で、Rのつく月にはカキがおいしい、Rのついていない月（MayからAugustまで）には食べないほうがよい、といわれてきました。これはイギリスでのいい伝えで、かなり古くからいわれたことで、一五九九年にバトラーという人が出版した料理の本に、「月の名にRの入っていない期間にカキを食べるのは季節外れで、衛生によくない」と書いてあるとのこと。

　これは産卵後のカキは味が劣ることをいっていることで、種類によっては夏でも十分に味ののったものが食べられるのですが、日本よりも気温の低いイギリスはともかく、日本では五月といえば気温がぐんと上がる時期。水分の多い生ものは傷みやすくなります。

　この季節、食中毒を起こさないようにとの注意をいった言葉が、「花見過ぎたら牡蠣食うな」です。ちょうど四月末、花見が終わって葉桜となる頃、〝牡蠣は食うな〟といい切っているところが、この種のことわざのツボを得たいいまわしで、今風にいえば、キャッチコピーの優れた手法を使った言葉といえるでしょう。

うまい表現で印象づける

　食べてはいけないと禁止を訴える言葉は、マーケティングでは、ネガティブ訴求といわれます。買ってください、使ってくださいと積極的に押し出すのではなく、〝使うな〟といっておいて、特定の対象に使用を訴えるやり方で、ずっと以前話題になった「26歳以下の方は使ってはいけません」といった化粧品のキャッチコピーの手です。ことわざには、このように短い言葉の中に、印象に残るような表現を折り込んだものが数多くあります。

生食用と加熱用

　市販のカキには、生食用と加熱用とがあります。「花見過ぎたら牡蠣食うな」のカキは、まず生食のイメージです。生のものを、そのままレモンを添えて食べるのがベスト――。

　生を良しとする日本人の感覚は食卓のさまざまな面で強調されます。以前、国民生活センターが行った、食品メーカー千五百社を対象としたアンケートでは、「生」とは「加熱殺菌していない」「新鮮な素材を使用している」といった回答が多かったのに対して、消費者千六百名の回答には、「品質が良い」「無添加」「手作り」「からだに良い」など、メーカーの解釈以上の期待を「生」に抱いていることがわかりました。

　生のつく食品には、生クリーム、生めん、生ハム、生ジュースといろいろあります。「生」の字は漢字の中でも〝読み〟が多い字で、セイ、ハエル、ショウ、イキル、オヤス、ウム、キなど。生食用カキには文字からくる期待もあります。ともあれ、加熱用とあるのを生食しないよう注意しましょう。

食のミニ事典

カキ（牡蠣）

（英）oyster
（学）*Crassotrea gigas*（マガキ）

　イタボガキ科の二枚貝。日本でふつう食用とされるのはマガキですが、アメリカガキ、オーストラリアガキ、スミノエガキ、イタボガキなど、たくさんの種類があります。日本でも10種類以上が食用とされていますが、主流は養殖もの。広島湾、松島湾、志摩半島、能登などが産地として知られています。カキの養殖は、古くはローマ時代に行われたといわれ、中国でも福建省、広東省などで宋の時代に竹を使った養殖法がありました。

　カキは雌雄同体ですが、マガキなど卵生の種類では雌雄ははっきりしていて、雄の次に雌になり、また次の時期に雄になる、といった雌雄交代をします。ある時期に調べたら雄ばかりだったということで、“牡蠣”の字が当てられました。グリコーゲンを多く含み、ビタミンではB_{12}が豊富。「カキは海のミルク」ともいわれています。

いかの甲より年の劫

——語呂合わせの言葉いろいろ

「亀の甲」のほうがわかりやすいけれど

年の劫《こう》の「劫」は長い時間のことで、仏教の用語です。〝未来永劫〟などと使われているように、非常に長い時間を表す言葉です。古代インドで用いられた空想的な時間の単位で、サンスクリット語ではカルパ。ヒンズー教の世界観では、人間世界の四十三億二千万年を1カルパとしているといい、ともかくも計り知れない時間を指しているといえます。

「いかの甲より年の劫」、「亀《かめ》の甲より年の劫」、「蟹《かに》の甲より年の劫」と、要するに甲（甲羅）の音《おん》を劫に重ねて、年を経ることの価値を表しているのです。〝年の劫〟は〝年の功〟と書くこともあり、この場合も年配者の経験が〝功績〟となるという意味となります。ただ、カメとカニは甲羅が目立つからわかるとして、イカの場合は、理解しにくいかもしれません。ヤリイカ類の背側の中央部にある石灰質の軟骨がイカの甲です。

「家柄より芋幹」——こちらはガラとガラ

食べ物が出てくるといっても、直接に食品のことをいうのでなしに、単なる語呂合わせとして登場させているようないいまわしは、結構たくさんあります。言葉の音《おん》を当てているものです。

「家柄より芋幹《いもがら》」もそのひとつ。芋幹はサトイモの茎で食用となりますが、決して上等な食べ物ではありません。家柄が良いと自慢していても、それは腹の足しにはならない、いよいよ困ったときには、育ちの良さをとやかくいうよりも、多少まずいものでも実質的なものが大切、ということを示したのがこの言葉です。家柄のガラと芋幹のガラとを並べたところに面白さがあります。
育ちの良さや見たところの格好の良さよりも、何よりも食べることが大切と、食事の重みが大きいことをいった言葉に、「色気より食い気」というのがあります。英語のことわざにも、「Gluttony rather than the lechery.」というのがあり、これも同じくlechery（好色）よりもgluttony（大食）がいいという意味。洋の東西を問わず、食べることが第一というのは共通しています。

経験の大切さを教える言葉は多い

語呂合わせの中に食べ物が出てくる言葉としては、このほか「米の飯より思し召し」や「搗《つ》いた餅《もち》より心持ち」というのがあります。「食うた餅より心持ち」ともいいます。これは人間、思いやりの心が大切と教えた言葉です。

どれもいかにも教訓めいていますが、ことわざとは本来そういうものなのでしょう。何かにたとえて人生の教えを伝えているのです。

「いかの甲より年の劫」の類では、英語のことわざでは「Experience is the mother of wisdom.」（経験は知恵の母）がこれに当たります。中国では「姜《がん》是老的辣《シーラオダラァ》」、ショウガは古いのが辛みがでる、味わいはそれだけの年月がいるという言葉で〝年の劫〟を表しています。

〝いかの甲〟は食べるときには取り除いてしまう、ふだんは気にしない役に立たないものの代表かもしれませんが、ここでは〝年の劫〟の引き立て役として、言葉の上では立派に役立っているのです。

食のミニ事典

イカ（烏賊）

（英）cuttlefish
（学）*Todarodes Pacificus* Steenstrup（スルメイカ）

頭足綱の軟体動物。五訂の食品成分表では、四訂で、その他の魚介類の中に置かれていたものが、「いか・たこ類」の中の「いか類」として記載されるようになりました。ここには、アカイカ、ケンサキイカ、コウイカ、スルメイカ、ホタルイカ、ヤリイカの８種類が出ています。

イカは一年中出回っていますが、“花烏賊”といえば俳句では春の季語。桜烏賊ともいいます。富山湾の名物とされるホタルイカも春の季語とされています。

イカの中で生産量が多いのはスルメイカ。刺身として生食されるほか、フライ、煮つけなどの料理、塩辛などの加工品にもなって人気の高い食材です。おさかな普及協議会のホームページ「フィッシュワールド」のアンケートによると、よく食べる魚の第４位にイカが登場しています。

言葉の世界の面白さ

春――ハルという音《おん》自体に、何やら伸びやかな響きが感じられます。なぜ、この季節がハルと呼ばれるのか。日頃、何も考えずに使っている言葉にも、それなりの語源があります。ハルは草が萌え、樹木の芽吹きが始まる――植物が膨らむこと、“張る”からきた言葉。生気が溢れる季節ということを示しています。

一面に広がる、“漲《みなぎ》る”は、サンズイに張るで、これも躍動感のある言葉です。

英語では春はspring。湧き出る泉も、はじける発条《ばね》（＝はねるが転化したもの）もスプリングです。芽吹きの季節の春は、生命力の漲る季節です。

このように、文字ひとつ見ても、そこに込められた意味、人びとの思いがあります。食事の始めに何気なく使っている「いただきます」は、漢字では「頂」で、頂は頂上という言葉を示すように、高みにあるものに対峙する（立ち向かう）という意味があります。人間が食べて生きることは、植物と動物、つまり生きている生物の命を絶ち、それを自分のものとすること――そこから、他の生命をいただくことで「いただきます」という言葉ができました。

たくさんの言葉が詰まった、ことわざの世界への探訪は、言葉の面白さを探ることでもあります。

夏のことわざ

食のミニ事典

目には青葉　山ほととぎす　初鰹

——日本の自然を讃えた一句

成分表には初鰹と戻り鰹

魚は特に回遊魚で、季節によって脂肪含量の変動に違いのあることが知られています。鰹（カツオ）も〝初鰹〟と、秋の終わり頃の〝戻り鰹〟では脂肪含量に違いがあります。戻り鰹は、黒潮に乗って日本列島の東を北上したカツオが、十分に餌を食べて成長したものです。

食品成分表では、カツオの成分値として、「春獲り（通称初鰹）」と「秋獲り（通称戻り鰹）」との二つの記載があります。大きな違いは脂肪で、初鰹は100g当たり0・5g、戻り鰹は100g当たり6・2gです。ビタミンDも戻り鰹の方が多く、ビタミンEでは逆に初鰹の方が多い、といった違いがみられます。

好まれた初ものの味

自然の産物に恵まれた日本の食卓では、昔から〝初もの〟といって季節に先駆けて出回る食品を貴重なものとして受け入れてきました。初鰹も、初夏の味覚として珍重されてきました。新しもの好きの江戸っ子は、高い値段のカツオを買っていました。江戸の川柳には、庶民のカツオに対する思いが、いろいろと詠まれています。カツオの値が高いことから——。

初鰹　値を聞いて
　　買うものでなし

目と耳と舌とで季節を味わう

「目には青葉　山ほととぎす　初鰹」は、江戸中期の俳人山口素堂の句で、初鰹が出回る初夏の自然を、視覚、聴覚、味覚の三つの面から讃美しています。素堂は甲斐の国（山梨県）生まれの俳人で、蕉門（芭蕉の弟子）の別格として芭蕉とも親交を結んでいました。

風薫るこの季節、樹木の緑の美しさと、ほととぎすの鳴く声と初鰹の味とから、こよなく自然の恵みを感じるというのです。

江戸時代には幕府の統制があって、旧暦四月は、カツオが解禁となる時期でした。江戸時代には現在のような冷蔵の設備もなく、東京湾から水揚げされたカツオは、一刻も早く売りさばかないと傷んでしまうので、鰹売りは急いで忙しく売り歩いた――。

初鰹　飛ぶや江戸橋　日本橋

傷みかけたカツオを値が安いからと買ったものの、これを食べて腹を壊し医者にかかって――。

恥しさ　医者へ鰹の値が知れる

「猫に鰹節」

カツオは刺身やたたきで食べるほか、かつおぶしに加工されます。内臓の塩辛は酒盗《しゅとう》と呼ばれて珍重されます。かつおぶしは日本料理に欠かせない食材として親しまれてきました。「猫に鰹節《かつおぶし》」は、文字通り猫にかつおぶしを預けてその見張り番をさせることで、そもそもが無理で危険な状況だといった言葉です。

かつおぶしの製造工程では、かび付けの操作が行われますが、このかび付けを経た本来のかつおぶしを削ったのが、市販の「かつおぶし削りぶし」。これに対して、かび付けを行わない荒ぶしを削ったものが「かつお削りぶし」です。名称が紛らはしいので、表示に注意しましょう。

かつおぶしそのものを目にする機会が減ってきたことや、飼っている猫はペットフードを食べていることで、「猫に鰹節」のような表現もしだいにわかりにくくなってきました。

食のミニ事典

カツオ（鰹）

（英）skipjack
（学）*Euthynnus*（*Katsuwonus*）*pelamis*

スズキ科サバ目、マグロ亜科カツオ属の海水魚。英語ではskipjackと呼ばれますが、日本での扱いはマグロとはまったく違っています。身がしまって堅いので“鰹”の字が当てられています（国字）。発音から“勝つ魚”とも表されて縁起のよい魚とされてきました。

カタクチイワシ、マイワシ、サバなどの生き餌をまいて一匹ごとに釣り上げる一本釣りという伝統的な漁法が行われています。

刺身やたたきとして食べるほか、内臓の塩辛の酒盗も親しまれています。マグロと違って血合い肉も一緒に食べるため、表面をさっとあぶることで、傷みを遅らせ食べやすくする効果を持たせます。薬味にしょうがやにんにくを使うのも、血合いの臭みを消すための知恵といえます。

朝の茶が旨いと晴天
——その日の天気を占う一杯の茶

花粉症に有効とされるのは…

〝夏も近づく八十八夜〟と歌われた茶摘みの季節——。新茶が出始めます。八十八夜は、立春から数えて八十八日目の日で、農家では種まきなどを始める目安とされていました。

今や十人に一人といわれるほどの花粉症。この花粉症に甜茶《てんちゃ》が効くとされて、数年前から店頭に並ぶようになりました。甜茶は文字通り甘味のあるお茶で、古くから中国で旧正月に飲まれていました。各地で用いられる茶葉の種類は違っていて、ユキノシタ科、アカネ科、ブナ科など、さまざまの植物が茶の原料とされます。ちなみに、ふつうの茶はツバキ科です。

花粉症に有効とされるのは、中国南部の広西壮族自治区で飲まれているバラ科キイチゴ属の甜茶懸《テンチャケン》鉤子《コウシ》で、これに含まれるポリフェノールの一種が抗アレルギー成分となっているとされています。

体調は天気に左右される

リューマチや神経痛などが、天気によって症状が出てくるといったように、からだの状態は何かと気象条件に左右されます。「朝の茶が旨いと晴天」は、このことを人間の側から示した言葉です。実際には朝の茶がおいしいと天気がよくなるわけではありませんが、天気がよい日には朝起きた時の気分もよく、飲んだお茶もおいしく感じられるということです。

人間のからだは、どこかで気象条件の影響を受けているのです。「蛙《かえる》が鳴くと雨」のカエルほどではないにしても、生物である人間は微妙に環境に支配されながら生きています。生物と気象との関係を研究するのが生気象学。ことわざはこれを先取りしているようです。

「朝茶は祈祷」——心の安らぎを

朝、おいしく茶を飲むことは、敬虔《けいけん》な祈りを捧げるのにも似た、気分のよいものだという意味の言葉が、「朝茶は祈祷《きとう》」です。一杯のお茶で気分が安らぐ——これは茶の成分のカテキン類の血圧上昇抑制作用が働くのかもしれません。

お茶を入れて、その茶碗のぬくもりを手のひらに感じることによって、実は唾液の分泌が増すことが、実験によって確かめられています。食後の一杯のお茶が、消化を助ける作用もするのです。通勤や通学で忙しい朝、時間に追われてなかなかそこまでの余裕はありませんが、朝の茶を味わうだけのゆとりも欲しいものです。

多い茶に関する言葉

「茶腹も一時《いっとき》」、「鬼も十八、番茶も出ばな」、「へそが茶を湧かす」、「茶をひく」など、茶に関する言葉はたくさんあります。それだけ、茶は生活の中に根を下ろしていたからでしょう。

それだからこそ、「朝の茶が旨いと晴天」は、茶をいとおしんできた日本人の茶への思いを見事に表しているといえます。一見、非科学的なような表現ですが、そこに生気象学が解明する因果関係がうかがえるのです。

食のミニ事典

茶

(英)tea
(学)*Thea sinensis* L.

ツバキ科の常緑樹で、葉を加工して飲料としたもので、原料と抽出した液体の双方を茶と呼んでいます。さらに、茶の木以外のいろいろの植物の葉の浸出液も、柿茶、ドクダミ茶などと、それぞれ“茶”として通用するようになりました。

日本語の“チャ”は、中国語の茶(チャァ)からきた言葉。茶の原産地といわれる中国南部の雲南省あたりから、南に伝えられたものは、“テ”と呼ばれ、これが英語のtea、フランス語のthとなりました。別のルートで伝播したところでは、チャがチャイとなり、ロシア、アラブなどでは、茶はチャイといわれます。

最近、茶に含まれるカテキン(タンニンの一種)が、心臓病やがんの原因となる活性酸素を除去するということで注目されています。健康飲料として、茶は食卓に欠かせない飲み物です。

蒟蒻はからだの砂払い
——古くから知られていた効用

五・二・九で「こんにゃくの日」

知識の普及や商品の消費拡大を意図して、特定の日を「○○の日」と定めることは、昔から行われていました。

五月二十九日は、五と二と九とで「こんにゃくの日」。いささかこじつけのようですが、こんにゃくをたくさん食べてもらおうと、こんにゃくの生産者の団体である日本こんにゃく協会が一九八九年に定めたものです。

こんにゃくは、おでん、煮つけなどの料理の素材とされるほか、最近はゼリーや飲料などのこんにゃくの加工食品も多く見られるようになりました。健康イメージをアピールした、スパゲッティのようなめんも売り出されています。

整腸効果を示す言葉——砂払い

「蒟蒻《こんにゃく》はからだの砂払い」は、経験的にこんにゃくは整腸効果があることをいった言葉です。こんにゃくの成分は97%が水分で、固型分はわずかです。その固型分はグルコマンナンという多糖類で、これは消化酵素によって消化されない、食物繊維といわれる成分です。食品成分表には、以前はエネルギー値の記載がなかったのですが、現在の五訂の食品成分表では、暫定値として、一般の食品の二分の一のエネルギーとして算出された数値が記載されるようになりました。

エネルギー値がゼロではないにしても、何分、ほとんどが水分ですから、かなりの量を食べてもエネルギーとしてはわずかです。そこで肥満防止のためのダイエット食品の代表とされるわけです。最近はさらに糖尿病や動脈硬化症、胆石、大腸がんの予防にも効果があると注目されています。

こんにゃくの製造には、凝固さ

せるために水酸化カルシウムを使うため、このカルシウムが残っています。カルシウムの給源となることも、こんにゃくのプラス面とされます。ただし、肉を煮るときなど、このカルシウムが肉のたんぱく質を凝固させて肉が硬くなることがあるので、すきやきで肉と糸こんにゃく（しらたき）とを近づけて一緒に煮ないように、といわれるのです。

山ふぐ――食べ物の雅称いろいろ

こんにゃくは、そのまま薄く切ったものをわさびじょうゆにつけて、刺身として食べることもあります。このこんにゃくの刺身は、しゃれた呼称（雅称）で、〝山ふぐ〟と呼ばれます。こんにゃくは身が硬いので、刺身にするときはごく薄く切ります。それを皿に並べた状態と、ふぐの刺身とが一見して似ているということから、海にいるフグに対して、こちらは山のものだからと、山ふぐの呼称がつけられました。

「六日の菖蒲、十日の菊」

五月五日は端午《たんご》の節句。この日に飾られる花が菖蒲《しょうぶ》（あやめと読むこともある）です。五日を過ぎてから菖蒲を飾ったのでは間に合わないということを、同様に九月九日の重陽《ちょうよう》の節句の飾りものである菊が、一日遅れたらこれまた意味をなさなくなることを並べて、「六日の菖蒲、十日の菊」という言葉ができました。

菊といえば、食用菊は日本独自の食材です。食用として改良されたもので、代表的なのが「もってのほか」と「阿房宮」。葉も、てんぷらにして食用となります。

食のミニ事典

こんにゃく（蒟蒻）

（英）devil's tongue
（学）*Amorphophallus konjac C.koch*

英語名の意味は“悪魔の舌”。日本独特の食品で、原料はサトイモ科のコンニャクイモ。このイモをすりつぶして作る製法と、イモの細片を乾燥させて微細な粉末（精粉）として、これを水でこねて作る方法とがあります。一般に広く出回っているのは、精粉から作ったものです。

ふつうは板こんにゃくと呼ばれる四角なものが使われます。ノズルから出して成型したものが糸こんにゃく（しらたき）です。板こんにゃくには、青のり、とうがらしなどを加えたものもあります。刺身用のこんにゃくは、製造時に加える水を少なくして、硬めに作ります。

こんにゃく自体に味がないので、味がしみ込みやすくなるように、ちぎりこんにゃくや、手綱《たづな》と呼ばれる結び方に成型する工夫がされます。

梅はその日の難のがれ
――〝花も実も〟の梅の価値

知られていた酸の殺菌効果

梅の雨と書いて〝つゆ〟と読ませる、入梅はつゆに入ること――この時期、梅の実が青く実ることから、このような言葉が生まれました。梅雨は〝ばいう〟とも読みますが、これは一説には雨が多く黴《かび》が生えやすい季節なので、この頃降る雨を黴雨《ばいう》といい、黴と梅との音《おん》が同じなので梅雨と書かれるようになった、ともいわれています。

梅の実は昔から梅干しや梅酒として利用されてきました。梅の実には、クエン酸が3～5%含まれています。梅干しのすっぱい味は、このクエン酸の味です。黴や細菌などの微生物の生育に対する抑制効果は、無機酸よりも有機酸のほうが大きく、酢の成分の酢酸や、梅やレモンなどのクエン酸は、優れた抗菌性を持っています。

魚を酢でしめる、食酢でまな板をふくなど、酸の効果は古くから知られていました。

優れた保存食　梅干し

梅干しは伝統的な保存食としても優れた食品です。保存性といえば、昔は何年も置いた古い梅干しも家庭に置かれていました。「梅干しと友達は古いほどよい」という言葉もあります。『おばあさんの知恵袋』（文化出版局）という本を書いた桑井いねさんは、明治時代の農村での幼い日の記憶をこう綴っています。

「……申《さる》年の年に漬けた梅干しは中風のまじない、とやら申しまして、わたくしの里では申の年にはいつもの倍以上の梅を漬けました。蔵に入りますと申の年の梅干しがずっと残っておりまして、百年以上もたって、もうとろとろになったものも残っておりました。村に病人が出ますと、夜の夜中でも人がとんでまいりまして、祖母は蔵に入り、食中毒には新しくて酸味の強いもの、中風には中年のものをと選びました。……」

梅干しよりも、さらに大きな効果を期待されるのが梅肉エキス。梅をおろして、搾った汁を煮詰めたものです。

梅干しの常用で健康維持

「梅はその日の難のがれ」は、朝一粒の梅干しを食べることで、その日は災厄をのがれることができる、という意味。今でも旅館で朝の食膳に梅干しが出ることがあります。もちろん、梅干しを食べたからといって災難に遭わない、などといったことはないでしょうが、梅干しの抗菌効果、整腸作用で健康状態を維持していれば、一日を無事に過ごすことができる、ということです。

一九九六年のO－157食中毒の事件の後、市販のおにぎりでは、タラコやサケよりも、梅干しがよく売れた、ということです。古くからの伝統食品でありながら、現代でも根強い人気がある梅干し。二十世紀を終えるに際してNHKの『きょうの料理』が、「二十一世紀に伝えたいおかず」を全国から募集したところ、梅干しは第四位に入りました。

梅干しとともに、近頃人気の出ているのが梅酒。従来のように家庭で漬けるもののほかに、いろいろと趣向を凝らした市販品がたくさん出ています。ワインブームにあやかった〝果実の酒〟のイメージを押し出しているものもあります。

「梅は百花の魁《さきがけ》」といわれ、まず花が賞でられる、そして梅の実の利用と、まさに〝花も実も〟あるのが梅です。

食のミニ事典

ウメ（梅）

（英）japanese apricot
（学）*Prunusmume* Sieb et Zucc

バラ科、サクラ属で原産地は中国、湖北省か四川省のあたりとされています。花を鑑賞するもの（花梅）、実を利用するもの（実梅）と、300種類以上の種類があります。

原産地は中国ですが、日本で多くの品種が作られて、利用法も日本で発達しました。日本文化を論じて話題となった『梅干と日本刀』（樋口清之）では、持ち運びに手間のかかる食塩を（昔の塩は吸湿性が大きかった）、携帯しやすいかたちにした知恵として、梅干しを讃えています。

日本の梅の主産地は和歌山で、全国の5割以上を占めています。産地の中心、みなべ町には「うめ課」が置かれているとか。和歌山に次いでは、長野、山梨、群馬など。全国でおよそ10万ｔが生産されています。「家計調査」によると、梅干しの購入量は10年程前に比べて1.3倍に増えています。

六月の鱚は絵に描いたのでも食え
——おいしさの巧みな表現

「絵に描いた餅」というけれど

　頭の中に描いただけの、実態のない計画や実現性のない企画など、役に立たないことをいうのに、「絵に描いた餅《もち》」という言葉が使われます。画餅《がべい》ということも。なるほど、餅は食べることができて初めて役に立つもので、絵だけではなんの価値もありません。

　ところで、この言葉とは矛盾するようですが、絵に描いたものでよしとしたのが、「六月の鱚《きす》は絵に描いたのでも食え」です。それほどに六月にはキスの味はよくなるといった、おすすめの味の表現です。印象深い表現で、旬の味を教えています。

脂ののった時期がおいしい

　暖流系、寒流系と多くの種類の魚が食卓に載るのが日本の特徴ですが、それだけに、魚介類と季節の関係を示した言葉が、いくつもあります。

「夏鰈《かれい》は犬も食わぬ」、「夏蛤《はまぐり》は犬も食わぬ」は、それぞれ時期が過ぎて味が落ちるということです。「麦の穂が出たら浅蜊《あさり》食うな」というのもあります。

　魚は一般的には、脂肪含量の多いものがおいしいとされています。魚の種類によって時期は違いますが、産卵に備えて脂肪を貯えます。この時期が魚の旬です。逆に産卵後は魚体は痩せて味が落ちることになります。

　おいしい時期をいった言葉には、「寒鰤《ぶり》、寒鰡《ぼら》、寒鰈《がれい》」があり、脂がのっていることを教えています。

「六月に暑さ薄ければ五穀実らず」

　陰暦の六月は現在の暦では七月。このころは梅雨が明けて暑さが厳しくなる時期ですが、この時期に気温が低いと、米をはじめとする穀物は豊作とはならないとされてきました。「六月に暑さ薄ければ五穀実らず」は、この関係をいった言葉です。

「麦の出《で》穂《ほ》に火を降らせ」も、同じことを表しています。夏の猛暑はこたえますが、冷夏といわれる気温の低い夏は、米作りにはよくないというわけです。日本の農業は、このように稲作を中心として行われてきました。農民は暑い夏に耐えて、米作りに取り組んできたのでした。そこにはまた、秋を迎えての収穫の喜びもあったのです。

暮らしの知恵を取り戻そう

現代の生活では、ある意味では暮らしの知恵は希薄になっているように思います。冷蔵庫を過信して古くなったものを気に留めずに口にしたり、舌で吟味することを怠って賞味期限の数字だけにこだわったりと、生活体験に根ざした本来の生きる力が、昔よりも後退しているのではないでしょうか。

空調が発達して人工的な生活環境に暮らす時代ですが、やはり、〝季節〟を意識して、折々の季節の素晴らしさを感じ、その季節なりの伝えられた生活の知恵に、思いをいたすことが大切だと思います。

食のミニ事典

キス（鱚）

（英）sillago
（学）*Sillago sihama*

スズキ目・キス科の海魚の総称で、シロギスが代表的なもの。そのほか、アオギス、ヤギスがあります。

年間を通じて出回っていますが、7～8月の産卵期を前にした6月の頃が、脂がのっておいしいとされています。

魚偏に“喜”の字が当てられることから、おめでたい魚のようにいわれますが、本来はその姿が端正で美しいので、“生”（生一本などのように純粋のものという意味）の魚とされて、“鮏”（国字；日本でつくられた文字）の字でキスとされましたが、これはサケにも使われているので、キの音の喜が使われて“鱚”となりました。

江戸前のてんぷらとして欠かせないもので、そのほか刺身、酢の物、塩焼き、干物などにします。25～30cmに成長し、釣りの対象としても人気があります。

生姜は田植唄を聞いて芽を出す

――自然と生活とが一体だった時代

農作業は自然のサイクルの中で

カレンダーも時計もなかった時代には、自然の推移の中のわずかの変化を、農作業の目安としてきました。その地方独自に自然を見つめながら、種まきや植えつけの時期を決めていました。

山梨県の富士山麓《さんろく》、忍野地方では春になると、富士山の中腹に残る雪の状態を麓《ふもと》から眺めて、種まきの時期が来たことを知ったということです。向かって右側の中程に大きな沢があり、そこがくぼんでいて雪が残っています。麓から見ると、それが、鳥の形に見えるので、ここではこれを農鳥と呼んでいます。年によっていくらか変わるといわれますが、この農鳥が見られる頃、ちょうど気温が上がって、種まきの時期を迎えるというのです。富士山と一体になって暮らしてきた農民の知恵です。

ショウガへの親しみを込めて

本来、このように自然の推移を知って、人間は農業にいそしんできたのですが、これを逆に自然の側からの表現として、擬人的に面白く示した言葉が、「生姜《しょうが》は田植唄を聞いて芽を出す」です。何といっても米作りが日本の農業の基本です。その稲作での大切な作業のひとつが田植。田植の季節には、共同作業で一斉に稲の苗を田んぼに植えていきます。

今では機械化されましたが、全部が手作業によっていた時代には、大勢が並んで列をつくるようにして、冷たい田んぼにつかりながら、一本一本の苗を植えていきました。その時、歌われたのが田植唄です。それで、この言葉が生まれたのでした。ショウガに田植唄が聞こえるわけでもありませんが、農作物と一体になった農耕民族の心情が感じられます。

「牛蒡の種まき柿の葉三枚」

種をまく時期は、毎年やっていることとながら、まだ何もない畑を前にして、いつにしようかと思案することになります。そこで、周辺の自然を眺めて、冒頭で挙げた富士山の農鳥のように、その年ごとの自然からのメッセージを目安に、種まきの時期を決めることになるわけです。

「牛蒡《ごぼう》の種まき柿の葉三枚」は、そんないい伝えのひとつです。柿の若葉がほんの少し出始めた頃に、ゴボウは種をまけばよい、との教えです。全国各地の農村には、このような言葉がたくさん伝えられていました。土地によっていくらかの違いはあるでしょうが、自然はいつもタイムリーなメッセージを届けてくれたのです。

「寿司を食ったらガリを食え」

ガリは寿司屋の隠語で、甘酢に漬けたショウガのこと。食べるときにガリガリと音がするので、こう呼ばれるようになったものです。ショウガは昔から毒消しの働きがあるといわれていました。最近の研究でも、寄生虫を殺す作用があることがわかっています。

「寿司を食ったらガリを食え」は、寿司と相性の良いショウガを、寿司と交互に食べることの効用を示した言葉です。ショウガは口の中をさっぱりとした気分にしてくれると同時に、生ものである寿司のネタの殺菌の効用も果たしてくれる――。

ショウガの根茎に含まれる成分であるジンゲロンは、強い殺菌作用を持つことがわかっています。寿司にショウガを組み合わせた先人の知恵に改めて感心させられます。

食のミニ事典

ショウガ(生姜、生薑)

(英)ginger
(学)*Zingiber officinale Rosc*

西南アジア原産のショウガ科の多年草。古くから薬用、食用とされ、漢方では根茎を健胃、咳止めなどに使用します。

食用となるのは塊茎と呼ばれる部分で、すりおろしたり、刻んで針しょうがにしたりするのは、前年の根で、ひねしょうがと呼ばれるものです。ショウガオールという精油の香りが強く、これが生臭みのある魚や肉のにおい消しに役立ちます。カツオのたたきにショウガを使うのも、血合いも食べるカツオの独特のにおいを消すためです。

谷中しょうがに代表される葉しょうがは、葉のついたまま出荷される新しょうがです。筆しょうがは、葉つきしょうがの根元を筆先のような形状にむいてから、甘酢に漬けたものです。粉末としてショウガは、菓子や飲料などの加工品にも使われています。

麦の出穂に火を降らせ
──農作物には暑さも必要

パンやパスタは増えたけれど

米の消費の停滞と裏腹に、パンやパスタの消費は増え続けています。これらの小麦粉製品の原料となる小麦は、日本での生産はごくわずか。九割までを輸入に依存しています。日本の麦作は一九四〇年（昭和十五年）をピークに、以後ずっと減少して、特に一九六〇年代以降は、アメリカ小麦の輸入の増加に押されて急激に生産が落ち込んでしまいました。

六月は麦の稔りの時期。麦の穂の黄金色の穂波が輝く季節を表す言葉が麦秋《ばくしゅう》です。俳句の季語には、麦の秋というものもあります。

天気が気になる農作業

現在のようにハウス栽培など行われなかった昔は、すべては自然まかせ、お天気しだいで農作物の出来は決まってきます。

「麦の出穂《でほ》に火を降らせ」は、まさにこのことをいっています。

〝出穂〟は本来はシュッスイですが、ふつうはデホと発音します。六月、麦の穂の出る時期には、空から火が降ってくるほどに暑いほうがよい、というのがこの言葉。

「六月に暑さ薄ければ五穀実らず」ともいわれました。農作物の生育には、日本の夏は暑いほうがよい──昔の人は、その思いをこれらの言葉に残しました。

「半夏生の日にとった生ものは食うな」

夏を迎える時期は気温が上がって、その上湿度が高い──微生物による食品の汚染に注意しなければならない季節です。今のように冷蔵庫などなかった時代には、食品の保存には大変な気配りが必要でした。

この季節、食品衛生に特に注意

しなければならない、と教えた言葉が「半夏生《はんげしょう》の日にとった生ものは食うな」です。半夏生とは暦の上での七十二候のひとつで、夏至から数えて十一日目の日のこと。七十二候というのは、暦の二十四節気を、さらに三つに分けていう季節の区分のことです。一候が五日にあたり、この五日ごとに季節が微妙に変化していくと考えられました。〝気候〟は二十四節気の〝気〟と、七十二候の〝候〟のふたつの文字を重ねてできた言葉です。

　半夏生は、畑の雑草のカラスビシャク（半夏と呼ばれる）が生えてくる頃という意味でつけられた呼び名です。

　この半夏生、現在のカレンダーでいうと七月二日頃。もちろん、この日を特定して生ものを食べてはいけない、というわけではありませんが、〝食べるな〟と断定的にいっているところに説得力があります。

旬を過ぎたものは味も落ちる

　半夏生は上の言葉のほか、「半夏生には毒気が降る」というように、やはり食あたりに注意しなければいけない、と使われています。「半夏生筍《たけのこ》　梅雨蕨《わらび》」は、旬《しゅん》の時期を過ぎたものは味が劣る、との教えです。旬のものが一番おいしい、その時期を過ぎれば、当然、味は落ちてきます。

　限られた時期、季節の味覚を味わった先祖の知恵が、この言葉には生きています。「麦の穂が出たら浅蜊《あさり》食うな」も同じこと。〝麦の穂が出たら〟といういい方は、カレンダーもなかった時代に、自然の推移の中で季節の節目を教えた暮らしの知恵といえます。

食のミニ事典

コムギ（小麦）・オオムギ（大麦）

（英）wheat（コムギ）・barley（オオムギ）
（学）*Triticum aestivum* L.（コムギ）
Hardeum vulgare L.（オオムギ）

　ひと口に麦といっても、小麦、大麦、燕麦《えんばく》、ライ麦など、いろいろの種類があります。この中で最も生産量の多いのが小麦。世界では米と並んで穀類のトップクラスで、５億ｔ以上が作られています。大麦は、米、小麦、トウモロコシに次ぐ生産があり、麦飯などそのまま食べるほか、ビールやウイスキーの原料とされます。

　麦を刈り取った後、茎が麦わら、英語ではストロー（straw）です。ジュースなどを飲むときのストローは、現在ではプラスチック製ですが、昔は文字通り麦わらが使われました。麦わら帽子は麦わらで編んだ帽子です。こうして副産物も有効に利用してきました。

　ライ麦は小麦のできない寒い地域や山間地で作られています。北欧の黒パンはこれが原料です。

蛙の面に水
――身近だった動物たちが引き合いに

何を言われても気にしないと

蛙（カエル）は、雨の季節にふさわしい動物とされてきました。俳句では、ただ〝蛙〟といえば春のものですが、〝雨蛙〟となると夏の季語。まさに梅雨の頃の風物詩として、最も絵になるのが〝雨の中の蛙〟です。

カエルは、雨水にさらされても何とも気にしない風情です。もし水をかけられたとしても、当然、びくともせずに平気な顔をしているだろう――というのが「蛙の面《つら》に水」です。何をされても平然としていること、それにどちらかというとずうずうしい態度をなじるようなときに使われる言葉です。古くは「蛙の面に水がくる」といったようです。

食品成分表にもあるカエル

今では、カエルを身近に目にすることはなくなってきました。カエルにはアオガエル、ヒキガエル、トノサマガエルなど、さまざまの種類があります。アカガエル科の中で、日本で食用とされてきたのがウシガエルで、これは食品成分表にも成分が記載されています。

現在の食品成分表では、「獣鳥肉類」は「肉類」と一括され、その中が「畜肉類」、「鳥肉類」と「その他」で、「その他」には、〝いなご、かえる、すっぽん、はち（はちの子缶詰）〟が収載されています。

ここでの、〝かえる〟はウシガエルの脚の部分で、成分値は台湾からの輸入冷凍品についてのものです。成分表によると、100g中たんぱく質22・3g、脂質0・4gで、脂質が少ないという点では鶏肉のささ身に似ています。

昔から伝えられてきたことわざには、人間の暮らしの周辺にいた多くの動物が登場します。「肉類」

の中に、〝かえる〟と一緒に載っている〝はち〟は、缶詰のはちの子（長野県の特産品として土産物としても売られている）ですが、ハチそのものは「泣き面に蜂《はち》」のように、よくことわざに出てきます。

きゅうり巻きがなぜカッパ？

　カエルをイメージした想像上の動物に河童《かっぱ》があります。「河童の川流れ」は、「猿も木から落ちる」や「弘法も筆の誤り」のように、得意な分野であっても失敗することはある、との教訓。「河童も一度は川流れ」となると、物事が上達する過程では、失敗をすることもある、ということで、初めから何でもできるわけではない、との教えです。

　ちなみに、寿司できゅうり巻きをカッパというのは、キュウリが河童の好物とされたことによっています。昔は川の氾濫を防ぐための川への捧げ物として、川の守り神とされた河童のために、キュウリを流しました。自然への畏敬の気持を表わしたのです。

　肥大化した文明社会の中で、ともすると人間は人間だけで生きているといった錯覚にとらわれることもありますが、〝雨の中の蛙〟という小さな風景から、人と動物との長い付き合いに、思いをいたしてみましょう。

食のミニ事典

カエル（蛙）

（英）frog, toad
（学）*Rana catesbeiana*（ウシガエル）

　両性綱無尾目の動物で、名の通り尾がないのが特徴。食用とされるのはアカガエル科の大型ウシガエルです。カエルは水田に棲み田んぼの害虫を食べるので、有益な動物とされてきました。水田に棲むことから、中国では田鶏（ディエンジー）と呼ばれています。また、味がよいので桜桃（インタオ）ともいわれ、料理名にも炒桜桃（食用ガエルの炒め物）のように使われます。

　ウシガエルは大正時代に米国から輸入されたもので、鳴き声が牛に似ているのでウシガエルの名がつきました。みりんじょうゆでつけ焼きにしたり、フライにしたりします。

　明治の初め、西洋料理を紹介した『西洋料理指南』には、カレーの材料として鶏肉とともにアカガエルが挙げられています。動物性食品として、今よりも馴染みがあったのでしょう。

塗り箸でそうめんを食う

——夏を演出する伝統食品

季節を告げるめん売場

　スーパーのめん類の売場は、夏場に向けて一斉に衣替えをします。そうめん、ひやむぎの登場です。そば店に入っても、「冷麦《ひやむぎ》始めました」の張り紙が目につきます。野菜の周年供給などで、食品の季節感が以前に比べて希薄になった中で、そうめんは夏の季節の商品として、今では少なくなった季節の味覚を知らせてくれるように思います。

　冷房が普及して、夏の風物詩とされた団扇《うちわ》も風鈴も忘れかけたこの時代に、いわばそうめんは健在で、伝統的な日本の夏を演出してくれているのです。

冬に作って夏に売る

　夏の食べ物とされるそうめんですが、これは冬の寒い季節を中心に作られています。十月から三月までが製造の季節。特に寒の頃が最盛期で、この時期、寒そうめんといって品質の良いものができるとのことです。商品名にも「極寒製手延」とか「寒製手延」と名がついたものが、いくつもあります。〝油を塗ってよりをかけて引き延ばす〟といった操作には、気温が低いほうが良いということでしょう。

　それだけ馴染みのあるそうめん、昔から日本の夏の食べ物として親しまれてきました。そこで、そうめんを題材にした言葉も生まれてきました。「塗り箸《ばし》でそうめんを食う」は、文字通りそうめんは塗り箸では食べにくいということで、うまく事が運ばないことのたとえです。目的のためには、きちんとしたそれなりの道具・手段が必要だ、との教えでもあります。「塗り箸で芋を盛る」も同じです。里芋（サトイモ）は塗り箸ではつかみにくい、ということです。

「そうめんで首くくれ」

そうめんは細くて繊細な感触を楽しむところに特徴があります。その細いそうめんで首をくくれ、といってもどだい無理な話――。これは役立たずの人間を見限って、もうどうにでもなれ、とののしるときの表現です。同じようないいまわしで、「豆腐の角で頭打って死ね」というのもあります。

ずいぶんひどい表現ですが、それだけそうめんが庶民の食べ物として親しまれていたことの証拠といえるでしょう。昔の人は、身近な食品を題材として、人生の機微に溢れたいろいろのいいまわしを考えたものです。

手延そうめんは食用油を塗って引き延ばすことから、食品成分表には脂質2・4％（乾めん）と、わずかに油分はありますが、ゆでたものは0・9％です。こんな数字は、もちろん知られなかった時代に生まれた言葉に、「禅僧のそうめん食うよう」というのがあります。油気のまったくない、さらさらした状態をいった言葉です。

水と一体の文化―流しそうめん

日本の風土は水に恵まれているといわれます。冷たい水に浮かして食べるそうめんは、その意味でまさしく日本的な食べ物です。さっぱりとした青竹と清冽な水の流れと、そうめんの白い肌との組み合わせ――流しそうめんは、まさに水と一体化した日本の食文化といえるでしょう。

一把ずつ紺色の紙で束ねられているそうめん。これをゆでるようすを江戸時代の川柳は描きます。

紙の帯　解いて素麺　湯に入り

食のミニ事典

そうめん（素麺、索麺）

（英）fine white noodles

いわゆるめん類には、その製法から大きく3種類に分類することができます。1番目は、そば・うどんのように切って（または切刃と呼ばれる回転刃で細くする）作るもの、2番目はスパゲッティや冷麺（朝鮮ネンミョン）のようにノズルから押し出すもの（押し出しめん）、そして3番目には、こねたものを引き延ばす製法です。

そうめんは、この引き延ばす方法によって作られたものです。日本農林規格（JAS）では「手延そうめん類」として、「小麦粉を原料とし、これに食塩、水等を加えて練り合わせた後、食用植物油を塗布してよりをかけながら順次引き延ばした丸棒状のめんで、熟成が行われたもの」、と規定しています。これは太さによって区分され、手延そうめんは直径1.3㎜未満のもの、手延うどんは直径1.7㎜以上のものをいうことになっています。

夏の鰯で足が早い

——昔から親しまれてきた大衆魚

〝逃げ足〟の早さにかけて

大衆魚の御三家といえば、鯵（アジ）、鯖（サバ）、鰯（イワシ）——。昔から親しまれてきたイワシは、ことわざにもしばしば登場します。六月から七月にかけて脂ののった大きなイワシは、入梅イワシと呼ばれて人気のある魚でした。この時期、イワシの産地、千葉では〝なめろう（たたき）〟、刺身、寿司だねとして好まれてきました。

夏場、特に魚、それも傷みやすいイワシは、早く食べないと味が落ちます。食べ物の傷みやすいことを〝足が早い〟ということから、「夏の鰯で足が早い」という言葉が生まれました。

その用例は——。

親方が丁稚《でっち》に何かを頼もうとした、その気配を感じてか、さっとどこかへ行ってしまい姿が見えない——そんなとき、「ちぇっ、夏のイワシで足が早い奴だ」というように、逃げ足が早いことをいうのに、傷みやすい夏のイワシを引き合いに出したのです。

紫式部も食べた

古くから大衆魚とされていたイワシ。貴族は食べなかったのでしょうか。遠く平安時代、才女だった紫式部はイワシを食べて夫にたしなめられた時、次の歌を詠んで切り返したと伝えられています。

日の本に　はやらせ給う石清水
まいらぬ人は　あらじとぞ思う

ここでは、イワシと石清水八幡宮とをかけて、日本ではだれでもイワシを食べる、食べない人はいない、といっています。

紫式部にも嫌われたかもしれないイワシの臭みは、よく水洗いすれば除かれる、といったことを教えたのが、「鰯も七度洗えば鯛《たい》の味」――。日本ではタイは上等な魚の代表とされるのですが、イワシもうまく調理すればタイに劣らない、といっているわけです。

イワシには気の毒ですが、何かというと優れたものの代表であるタイと比べられて、劣るものの代表のようにされることがしばしば。「うちの鯛より隣の鰯」「鯛の尾より鰯の頭」など――。料理のバラエティも豊富で、食品としての価値は、むしろタイより優れているのに、いつもタイの対極におかれるのがイワシです。

「鰯は海の人参」

もっとも、今ではイワシの栄養価の高いことは、広く知られています。ＩＰＡ（イコサペンタエン酸）、ＤＨＡ（ドコサヘキサエン酸）、豊富なミネラル、良質のたんぱく質と、タイも及ばない優れものです。

昔の人も、イワシが健康によいことはもちろん知っていたわけで、「鰯は海の人参《にんじん》」という言葉は、それを示しています。ニンジンといっても、これは朝鮮人参。昔から漢方で強壮、保温、補血などと多くの効用が知られて珍重されてきました。高価で貴重な食材として、不老長寿の薬とまでいわれたこの朝鮮人参にも匹敵するのが、海ではイワシだという、まさに手放しのイワシ礼讃です。

「○○は○○の○○」という言い回しは、ことわざによく出てきます。外国のことわざを日本語に訳す場合も、このパターンは頭に入りやすいのです。「牡蠣《かき》は老人のミルク」が、まさにこれ。朝鮮人参を対比させたこの言葉、十分にアピールする効果があります。

食のミニ事典

イワシ（鰯）

（英）sardine
（学）*Sardinops melanosticta*

イワシ科の海魚。日本ではマイワシ、ウルメイワシ、カタクチイワシの三種類をイワシといいますが、熱帯域に生息するカタクチイワシを別の科とする分け方もあります。ふつう、イワシというときは、マイワシを指します。イワシは海の牧草ともいわれ、イワシ自身はプランクトンを食べますが、このイワシをサバやカツオが食べ、さらにそれをマグロやサメが食べる、というように、多くの魚の餌となっています。

このことから、漢字では魚偏に弱を書いて鰯の字ができました。イワシの名は“よわし”からつけられたもので、ちなみにこの字は国字で、本来の漢字は鰮です。

目刺とされるのはウルメイワシ、シラス干しはカタクチイワシの稚魚、さらに大きくなったものは煮干しや田作りと、イワシの仲間はいろいろに利用されています。

一桃腐りて百桃損ず

——食品保存の知恵から考えること

成熟を促進するエチレン

一般に果実は木に実っているときに、少しずつ熟していきますが、収穫した後にも熟成は進んでいきます。果実の追熟に関係しているのがエチレンという気体。果実から発生する微量のエチレンが、植物の成熟ホルモンの役割を果たして、追熟やさらには老化を促進します。

傷んだ果実からはエチレンが発生し、密閉されたところでは、これがさらにほかの果実にも作用して、熟成が進み過ぎることになります。この関係を示した言葉が、「一桃《いっとう》腐りて百桃《ひゃくとう》損ず」です。「一果腐りて万果損ず」ともいわれます。

「樽が腐れば菜が腐る」

イギリスでは、モモがリンゴに変わって、「腐ったリンゴ一個は百のリンゴを腐らせる」（One rotten apple can spoil the barrel.）となります。日本にリンゴが伝えられたのは十九世紀半ば。リンゴは日本のことわざには登場しませんが、ヨーロッパではしばしば出てきます。

ところで、ここで出てくるモモにしろ、リンゴにしろ、エチレン発生のメカニズムの理屈はわかるとして、これは文字通りのモモやリンゴだけについていっているのではないという点に目を向けてみることが大事なところです。

人間の集団に置き換えてみたとき、たった一つの腐った果実、つまりは何か悪い要因があったとき、それがいずれは全体に悪い影響を及ぼす、といった関係を、このいい回しは示しています。悪い芽は早く摘んでおかなくてはいけない、との教えです。

「樽が腐れば菜が腐る」というのもあります。これは全体への悪い影響というより、支える土台がしっかりしていなければならないということをいった言葉です。

「桃季もの言わず下自ら蹊を成す」

中国ではモモは日本以上に大事にされた果実です。モモの花の咲く美しい情景は、桃源郷という言葉で表されます。モモの花のやや重厚な色合いが、中国人には好まれるようです。

「桃季《とうり》もの言わず下自《おのずか》ら蹊《みち》を成す」は、中国のことわざ。桃季はモモとスモモ。モモもスモモも花は美しく実もおいしい、そこでモモやスモモの木の下には、自然と道ができる、というのです。これは人徳のある人には多くの人たちが集まってくる、ということのたとえとされます。

指導者の人徳を示すのにモモが出てきて、中国でモモが高い評価を受けていることがわかります。

「桃栗三年柿八年」

日本でもモモは、桃太郎の話にも出てくる馴染みのある果実でした。木の成長を示した言葉、「桃栗三年柿八年」でいわれているように、モモは成長の早い果実とされます。もっとも、この言葉は、物事は、歳月をかけなければ完成しないといった教えとしての意味が大きいようです。

食のミニ事典

モモ（桃）

（英）peach
（学）*Prunus percia*

果肉の色によって“白桃”と“黄桃”とに分けられます。黄桃は主として缶詰にされるもので、日本での中心は白桃です。

原産地は中国の黄河上流の地域ですが、古くは中央アジアのペルシャと考えられていたので、学名のperciaも、英語のpeachもフランス語のpescaも、すべてペルシャに因んでいます。

モモには表面に柔毛の生えたケモモと、これのないネクタリンがあります。ネクタリンの名は、ギリシャ神話で神々の飲料とされたネクタールからつけたもの。それだけおいしいということでしょう。

酸味は少なく、みずみずしい甘味が特徴です。糖はショ糖が中心で10％程度含まれます。主な品種には中世種の白鳳《はくほう》、大久保、晩生種の白桃などがあります。

青田から飯になるまで水加減

――米と水との深いかかわり

水で左右される稲作

夏の日盛り――。青田を吹き抜ける風は、暑さの中にも爽やかな気分を感じさせてくれるものです。田植の終わった後から、田んぼでは水の管理が大変です。日照りが続き、田に水が枯れたら大変。雨乞いをして神仏に祈りを捧げて、水の恵みを期待したのでした。何気なく食べている米飯ですが、米作りには何より水が大切です。水こそが米作りの生命です。

水を引いて新しい水田を作った人の名が、各地の地名に残されているのも、そのことを示していま す。長野県の佐久市には五郎兵衛新田という地名があります。

田に引く水を上手に加減することによって稲作がうまくいくのと同じように、米飯を炊くときにも水加減は大切です。この両者を結びつけて印象づけるようにいった言葉が「青田から飯になるまで水加減」です。大は広い田んぼ、小は小さな釜の中と、対比しているのが面白いところといえるでしょう。

プラスチックが素材として脚光を浴び始めた六十年代には「ボタンからミサイルまで」ということがいわれました。小さいものから大きいものへ、またはこれを逆にする――強く印象づけるいいまわしです。

多様な表現―水に関する言葉

日本の風土は雨が多く、山地が多い――そのため降った雨は、川となってどんどん海に注ぐ。大陸の大きな川とは違うところです。地下水も豊富で湧き水もある、ということから、日本では水に関係した言葉がたくさんあります。火山帯が列島を縦断していて火山も多い、そこで〝湯水〟といえば、どこにでもあるもののたとえ。

「湯水のように使う」とは贅沢に浪費することをいいます。水が貴重な砂漠の世界では考えもつかないことでしょう。

「水に流す」といえば、過去にこだわらずに忘れ去ること、「水を差す」といえば、話の腰を折るように邪魔をすること、「水を向ける」といえば、その気になるように誘いをかけることというように、挙げれば切りがありません。

米飯の味にも関係する水分

食品成分表によると、米の水分は15・5%ですが、東北、北陸、北海道などで作られる米、軟質米は水分が多く、西日本で作られる米、硬質米は水分が少なくなっています。また、新米は水分が多く、保存中に水分が蒸発するので、保存するにつれて水分は少なくなります。炊飯に当たって、新米は加える水の量を少なめにするのがよいとされるのは、水分がそれだけ多いためです。

炊きあがった米飯についても、やはり水分が味に微妙に影響します。十分に蒸らしが行われないうちにふたを取ると、釜の中の水蒸気が逃げて急激に表面の温度が下がり、米粒の表面に細かい水滴がついて水っぽくなります。昔は木製のおひつに移してから茶碗に盛りつけましたが、木のおひつが適当に米粒表面の水分を取り、ふっくらとした米飯の味わいを作ったわけです。

こうしてみてくると、実は青田以前、春の苗代から炊飯以降の茶碗の中まで、米は水と深いかかわりがあることがわかります。日本人の米との付き合いの長い歴史は、水加減を気にした歴史でもあります。

―食のミニ事典―

コメ(米)

(英)rice
(学)*Oryza sativa* L.

日本で好まれるジャポニカ(日本型)、長粒のインディカ(インド型)の区別や、うるち米、もち米といった分類もあります。植物名はイネ。日本の食卓を支えてきた食品の代表ともいえるのが米です。

デンプンが中心ですが、たんぱく質も約7%含まれます。宮沢賢治の「雨ニモマケズ」の詩には、「一日二玄米四合ト味噌ト少シノ野菜ヲタベ」とあります。この玄米から摂取できるたんぱく質は約40g。米を食べることで、たんぱく質も補給されます。ビタミンB_1の豊富な米ヌカは、ビタミンB_1発見の端緒となった食品です。そのB_1が商品化されたオリザニンの名は、米の学名*Oryza*からつけられたものです。

米偏に健康の康を書くと糠(ヌカ)、米偏に白と書くと粕(カス)となる——これは米ヌカの栄養的価値を示す表現といえるでしょう。

茄子の蔓には胡瓜はならぬ

——当然のことを印象深く表現

さて、優劣はどちら？

「蛙《かえる》の子は蛙」（本当は子はおたまじゃくし？）は、子どもは結局、資質・才能の点でも、親と似たようなものだということをいった言葉。

　平凡な親からは非凡な子ども、優れた能力を持った子どもは生まれないという意味で使われるこの言葉と同様の意味で使われるのが、「茄子《なすび》の蔓《つる》には胡瓜《きゅうり》はならぬ」です。ここではナスビはキュウリよりも劣ったものとされていますが、面白いことにキュウリが瓜（ウリ）に置き換わると、「瓜の蔓には茄子はならぬ」と、優劣が逆転してしまいます。この場合のウリはマクワウリで、今では見かけなくなりましたが、古くから親しまれてきた野菜でした。

「玉ねぎにはバラは咲かない」

　「蛙の子は蛙」は、いってみれば単純明快で、親と子は同列です。これが「鳶《とんび》が鷹《たか》を生む」となると、両者は異質のものとされ、あきらかにタカが優れたものとされています。ただし、動物学的にはトンビもタカも同種で、どちらも鳥綱ワシタカ目ワシタカ科の小型の鳥です。たいていは後者が前者より良い、とする場合が多いようです。

　イギリスのことわざには、「玉ねぎにはバラは咲かない」（An onion will not produce a rose.）というのがあります。こちらはバラのような美しい花は、玉ねぎが望んでも無理な話で、美しいものを生み出すのは、それなりの素地があってこそということで、やはり〝鳶が鷹を生む〟ことはないという常識をいっています。

　中国のことわざには大げさな表現がたくさんあります。「九牛の一毛」、つまり九頭の牛すべての毛の中の一本の毛、これをごくごくわずかであることのたとえを示すことに使うなど、すべてがオーバーです。

中国の四瑞の鳳凰

中国で「茄子の蔓には胡瓜はならぬ」に当たるのが、「烏鴉生不《ウーヤーションブー》出鳳凰《フォンファン》」（カラスから鳳凰《ほうおう》は生まれない）です。鳳凰は、古来中国で麒麟《きりん》、亀、竜とともに四瑞《しずい》（四つのめでたいシンボル）として尊ばれた想像上の鳥。雄を鳳、雌を凰といい、まさにこの世のものではない美しく気高い鳥です。カラスが鳳凰を生むことはない、といい切っているのが中国のことわざで、日本のナスとキュウリの紛らわしさとは雲泥の差でしょう。このあたりにも、民族性の違いがみられるように思います。

ポテト＋トマトでポマト

ナスの蔓にキュウリがならないのは自然の理としても、現実には品種改良などを目指して農作物の細胞融合による新品種の研究が、いろいろと進められています。

ジャガイモとトマトは、どちらもナス科です。そこで両者を交配させて新しい品種を作ることも可能で実際にこれは作られています。まだ実用化の段階には至りませんが、これは根にジャガイモができて、地上の茎にトマトが実るという作物。その名はポテトとトマトから生まれたということでポマトと名づけられています。オレンジとカラタチとの交配によるものはオレタチ。

こうなってくると従来のことわざのいいまわしも変わってくるかもしれません。

食のミニ事典

キュウリ（胡瓜）

（英）cucumber
（学）*cucumis sativus* L.

ウリ科のつる性一年草。原産地はインドとされ世界的に広く栽培されます。日本には10世紀頃に伝わったとされていますが、独特の青臭さが嫌われたのか、江戸時代にもそれほどの人気はなかったようです。

今ではハウス栽培で一年中出回っていますが、太平洋戦争以前は夏だけに食べられた野菜で、俳句ではもちろん夏の季語。季節にはぬか漬として食べられていました。ヨーロッパでもピクルスとしての利用が古くからあり、特にドイツでは生産量の多い大事な野菜となっています。

“胡瓜”の文字は、胡（古代、中国の西方にあった国の名）から伝えられた瓜ということからきています。胡桃《くるみ》、胡《ご》麻《ま》、食べ物ではありませんが胡坐《あぐら》なども同じように、西から伝えられたものという意味で生まれた言葉と考えられます。

茄子と男は黒いのがよい

――くせのない味が生きる名脇役

伝統野菜として親しまれて

茄子（ナス）はナスビとも呼ばれて、日本では千年以上の歴史をもつ古い野菜です。七五〇年（天平勝宝二年）の『正倉院文書』にナスの記録があるということで、天平時代の人びとも食べていたことがわかります。

古い野菜だけに、ナスが出てくることわざには、人生の機微にふれた、なかなかうがったものがあります。「茄子と男は黒いのがよい」は、いかにもユーモラス。男は軟弱で甲斐性のないのはだめで、色が黒くてたくましいほうがよい、ということをいうのに、ナスを引き合いに出しています。

なるほど、ナスも若くてつやのある、黒ぐろとしたものが味がよい――それを男の魅力と結びつけたところがミソです。

「色で迷わす浅漬茄子」

ナスは漬物として食べられることもしばしば。長くぬか床に漬け込んだものは、もとのつやのある紫色も色あせてきますが、浅漬、つまり一夜漬とか当座漬といわれるような、漬ける時間が短いものでは、色はもとのつややかさを保っています。

そこで、「色で迷わす浅漬茄子」という言葉が生まれました。浅漬は味は淡白ですが、色だけは人目を引く美しいナスの色が保たれている――。実はこの言葉、ナスの浅漬のことというより、女性が色気で男性を引きつけるテクニックを皮肉った表現です。

「親の意見と茄子の花、千にひとつも仇はない」

ナスは花をつけると、その花はしっかりと実になるというので、ナスの花には無駄がないとされ、これが親の意見を心に留めよという教訓に結びつき、「親の意見と茄子の花、千にひとつも仇《あだ》はない」といわれるようになりました。

「親の意見と冷や酒はあとから効く」も、同じことをいったことわざです。

〝風邪をひかぬよう〟――扱いに注意

ナスについては、「秋茄子《なす》は嫁に食わすな」という言葉が、よく知られています。これには、秋のナスはおいしいから嫁には食べさせないという〝嫁いびり〟説と、ナスを食べると冷えるので、大切な嫁には大事をとって食べさせないようにという〝温情〟説とがあります。たしかに、漢方ではナスは冷野菜のグループに属するので、温情説にも一理はあります。

取り扱う立場からは、ナスは風に当てないほうがよいとされています。ことわざではありませんが、八百屋《やおや》の業界では、ナスの取り扱いについて、「ナスは風邪をひきやすい」といういい伝えがあるとのことです（大久保増太郎『日本の野菜』中公新書）。ナスは水分が蒸発しやすく、店頭に並べるときに、クーラーの側に置くと、水分が減少してしなびてしまうというのです。保存する場合はヘタの部分をラップフィルムなどで覆うとよいとされています。

食のミニ事典

ナス（茄子）

（英）eggplant
（学）*Solanum melongena* L.

原産はインド。今では世界中で作られています。世界一の生産国は中国で、日本にも輸入されています。国内で生産量が多いのは高知、福岡、大阪、奈良、栃木など。東京市場への入荷のトップは高知で、6月がピークとなっています。以前は消費は夏に極端に多く、冬は入荷が少なかったのですが、このところ、夏と冬との差が小さくなってきました。

ナスは料理のバラエティーに富んでいて、煮る、焼く、油で揚げる、蒸すといった、さまざまな料理があります。くせのない味が、どんなものにも合うのでしょう。漬物の材料としても欠かせないものです。

成分としては、ビタミンやミネラルは多くはありませんが、皮に含まれるポリフェノールの、発がん物質やコレステロールの抑制作用が、最近注目されています。

もらうものならアカザでも
——飢饉に役立つ救荒植物

『どん底』にも登場するアカザ

　社会主義リアリズムの創始者といわれるゴーリキーの戯曲『どん底』は、帝政ロシア末期の、人生の底辺とでもいえる人たちの人生模様を描いた芝居です。ゴーリキーは指物師の家に生まれ、幼い時に両親を失います。十一歳から働きに出て、靴屋の丁稚《でっち》を振り出しに、皿洗い、沖仲士、パン職人、ヴォルガ河通いの船のコック…などと、いろいろの職業を体験します。放浪者の仲間に身を置いたこともありました。『どん底』の舞台で劇中の案内役とでもいえるルカは、ゴーリキーの分身だともいわれています。

　この舞台の中で、登場人物の一人ペーパルが、ナターシャにいい寄ります。すると、ナターシャはペーパルが以前、姉のワシリーサに思いを寄せていたことを嫉妬して、ペーパルをなじる——。

　そこで、巡礼の老人ルカがナターシャにいう言葉。「まあ娘さんや、そんなことは何でもないよ！　パンのない時にゃ、人は藜《あかざ》でも食ふ…」（中村白葉訳、岩波文庫）。

　つまり、このルカの言葉、身近な女がつい好きになってしまうことがある、おいしいもの（パン）がなければ、人は味のよくないアカザでも食べるものだ、といっているのです。

洋の東西―同じ発想

「藜の羹《あつもの》」とは、粗末な食物のたとえで、徒然草にも「紙の衾《ふすま》、麻の衣、一鉢のまうけ、藜の羹…」とあります。

「もらうものならアカザでも」も同様に、ただで手に入るならば、どんなものでもよいという意味。人間の欲のがめつさをいった言葉であり、また、困った時の神頼みをいったものでもあります。

食べるのに困った時には、どんなものでも頼りになる、また、上等なものではなくても、たくさんあればよい、ということをいった言葉に、「トチクサモチでも嵩《かさ》をとれ」というのがあります。これは石川県の加賀地方に伝わった言葉です（守田良子『加賀能登・おばあちゃんの味ごよみ』）。

トチはトチの実、それに草餅《くさもち》をつけた言葉で、これまた、粗末なものでも、たくさんあったほうがよい、ということです。

中風防止（？）のアカザの杖

江戸時代に書かれた、救慌作物を集めて解説した『かてもの』という本のトップに、アカザが挙げられています。食物が欠乏したときに、いつも役立つものだったのでしょう。

粗末なものの代名詞のようにされているアカザですが、成長して茎が長く伸びたものは、枯らした後、杖として利用されます。春の若芽の頃の柔らかさからは想像もできないほど、枯れた茎は丈夫で、しっかりとしています。この杖は、古くから中風に効くといわれてきました。

手近にある自然を、見事に利用してきた昔の人の知恵は、まことに素晴らしいかぎりです。

スーパーの食品売場には、溢れるほどの食べ物が並んでいます。何でも食べられる時代となりましたが、半世紀前、太平洋戦争直後の食料不足の時代には、結構、アカザも食べられていました。

直接に戦争を体験した世代はだんだん少なくなりますが、何らかのかたちで、日本民族が体験した飢餓の時代の記憶を語りついでいくことが大切でしょう。

食のミニ事典

アカザ（藜）

（英）wild spinach
（学）*Chenopodium album* L. *var.centrorubrum Makino*

アカザ科の一年草、原産地は中国で、中国名は藜（li）または莱（lai）。山野や空地など広く自生しています。春に若葉が出て、成長すると１m以上にもなります。俳句では夏の季語。若葉はおひたしとして食べられるので、昔から救荒植物として役立てられてきました。

江戸時代、1802年（享和２年）に書かれた救荒植物の解説書の『かてもの』にも、「ゆびき食ふ又かて物とす」と、アカザは記載されています。江戸時代には、幾度も米の不作による食料不足が起こり、イタドリ、アザミなどの雑草が食用とされました。

『かてもの』は、貴重な天然の資源の利用法を解説した、飢饉の時の指南書でした。

民間療法としては、葉をもんだり搾った汁を、害虫に刺されたときや切り傷に用いるとされています。

瓜の皮は大名にむかせよ、柿の皮は乞食にむかせよ
——調理のコツを教える

甘い部分が異なる瓜と柿

瓜（ウリ）は、日本で古くから親しまれていたマクワウリのことで、現在のメロンのような甘い果物が手に入らなかった頃には、甘味のある食べ物として、夏にはよく食べられていました。柿（カキ）は、秋を彩る果実の代表です。

そのウリとカキ、同じ甘い味が魅力でも、ウリでは甘いのは中心に近い部分、カキでは甘いのは周囲の皮のすぐ下の部分と、それぞれ違っています。ところで、大名は使用人が何でもやってくれるので、包丁は持ったことはない。それで不器用なため果物の皮をむかせても厚くむいてしまう。一方、けちな乞食《こじき》は少しでも多く食べたいので、皮は薄くむきます。「瓜の皮は大名にむかせよ、柿の皮は乞食にむかせよ」は、ウリとカキとで、それぞれどこが甘くておいしいかを教えています。

大名と乞食との対比で面白く

ウリとカキを扱うときの、その違いを際立たせる上で、大名と乞食という、昔の人にはそれなりに理解しやすいキャラクターを配置して、食べ方のコツを教えたところに、この言葉の面白さがあります。

まめな乞食は手間暇いとわずに作業を続けます。そこで、「乞食の餅《もち》焼き」とか、「豆は乞食に炒らせろ」という言葉も生まれました。餅を焦がさないように上手に焼くには、上下を繰り返し動かすのがよいのです。そこで、何度も表裏を返す、つまり早く焼けるのを待っている乞食の感覚が求められるということです。

豆も焦げつかないようにするためには、鍋や焙烙《ほうろく》を小まめに動か

すことが必要です。乞食は早く食べたいからせっかちな動きをするので、豆はうまく炒れるというわけです。

「だいこんは短気者が摺《す》ると辛くなる」も、調理のコツをいっています。ダイコンは急いでおろすと、細胞が砕かれて、ミロシナーゼという酵素の働きで、辛味成分のイソチオシアネートが分離して、辛味を強く感じるようになります。

「山葵は摺ると思うな練ると思え」

刺身をおいしく食べるには欠かせないのが山葵（ワサビ）です。ワサビの辛味は、含まれているシニグリンが酵素で分解されてできるアリルカラシ油によっています。この辛味を出すためには、十分に細胞を破壊して、酵素作用が働くようにしてやることが必要です。

ワサビは摺るというよりも練るくらいに細かくつぶすのがよい、ということをいったのが、この言葉。なるほど、ワサビ専用のおろし器具は、ふつうのおろし金よりも目の細かい突起のあるさめ皮のおろしが使われます。これで練るようにしておろすことで、ワサビ特有の香りがよく出るようになります。

「瓜食うたままには居られず」

夏の野菜の代表ともされたウリですが、このウリを食べていても、その先の秋の準備をしなければならない、というのが、「瓜食うたままには居られず」。夏の盛りに秋の準備を、そして秋が来れば次は冬への備えをとの教えです。この言葉は、季節外れの衣料は着られないという、衣生活の上での教訓ともされています。

食のミニ事典

ウリ(瓜)、マクワウリ(真桑瓜)

(英)oriental melons, gourd
(学)*Cucumis melo* L.
vav.makuwa Makino

ウリ科植物でインド原産のメロン類は、ヨーロッパに伝えられて現在のメロンの仲間になり、一方、中国に伝えられたものは、ウリと呼ばれるタイプとなりました。

日本には中国から伝えられたものが定着し、その中で岐阜県の真桑村（現在の本巣市、今でも真桑という地名がある）が産地として有名で、マクワウリとして広まりました。たんにウリというときは、このマクワウリを指します。

かつては夏の果物として人気のあったマクワウリですが、1962年（昭和37年）、ヨーロッパ系のメロンがドゥ・ポッシュと交配されたものがプリンスメロンとして登場、旧来のマクワウリは激減して、プリンスメロン系統が普及してきました。その後、さらに改良が進み、ノーネット型のハウスメロンとして親しまれてきています。

芝居　蒟蒻　芋　南瓜
——女性の好物とされるカボチャ

「芝居は一日の早学問」

　百万都市といわれた江戸には、さまざまの庶民の文化が花開きました。現在の歌舞伎のもととされる阿国《おくに》歌舞伎が始まったのが十七世紀初め、慶長の頃——。役者が演じる古今の伝説や史実を題材にした芝居は、庶民の娯楽の中で大きなウエイトを占めていました。芝居から人はいろいろな物語を知り、人情の機微を学びとったのでしょう。女性たちの楽しみのひとつでもありました。「芝居は一日の早学問」ともいわれました。

　「芝居　蒟蒻《こんにゃく》　芋　南瓜《なんきん》（＝カボチャ）」は、女性の好物なるものを語呂よく並べたものです。芋といえば日本では昔はサトイモのことをいいましたが、江戸時代にはサツマイモも出回り、「栗《くり》より旨い十三里」（里は距離の単位、3・75㎞）と、九と四を足して十三の数字を示す遊び言葉で、焼きいもの宣伝が行われていました。サツマイモもカボチャも、ほくほくとした感触で甘味のあるところが、女性に好まれたのでしょう。

　女性の好物を並べた言葉では、このほか「芋蛸《たこ》南瓜」というのもあります。南瓜はナンキンとも呼ばれるので、この場合は「イモタコナンキン」とするほうが語呂はよいようです。

カボチャとパンプキン

　女性の好物とされるカボチャ自体は、気の毒にいい評価は受けていません。「南瓜野郎」といえば無粋な男をののしって軽蔑する言葉、「南瓜に目鼻」といえば、ずんぐりした女性を、これも軽蔑する言葉です。

　ところで、カボチャは英語でパンプキン。この二、三十年の間に、パンプキンという言葉も、それなりに定着してきました。カボチャのパイはパンプキンパイです。ちょっとした語感の違いで、イメージが異なってくるものなのでしょうか。

「冬至南瓜に年取らせるな」

今では一年中出回っているカボチャですが、当然、出盛りは夏から秋。夏の炎天下、強い日差しの下で咲く黄色の花が見られ、やがて大きな実が、蔓《つる》のここかしこに横たわります。野菜の中では比較的日持ちのよいカボチャは、収穫された後、貯蔵されて冬の時期まで置かれ、これを冬至の日に食べるという風習が、昔から行われていました。この習慣、つまりは寒くなって風邪をひきやすい時期の栄養が大切だということを教えたものと考えられます。

カボチャにはビタミンAも、また風邪の予防に必要なビタミンCも含まれています。

昔、その地域の食べ物だけで暮らしていた時代、収穫されたものを保存して、なんとか食いつないでいくことが、大切な生活の知恵でした。冬至を越すと、長いこと置いたカボチャは傷んでくる。ここまでが食べ頃、といった言葉が、「冬至南瓜に年取らせるな」です。

夏から大切に保存したカボチャに〝年取らせるな〟と擬人化しているところに、食べ物への愛情が伺えます。

食のミニ事典

カボチャ（南瓜）

（英）pumpkin
（学）*cucurbita moschata Duch*（日本カボチャ）
cucurbita maxima Duch（西洋カボチャ）

アメリカ大陸原産のウリ科の一年草の果実。トウナス（唐茄子）、ナンキン、ボウブラともいわれます。トウナスもナンキンも外国から伝来してきたものという意味。

カボチャの名称はカンボジアから来たもので、ヨーロッパに伝わったカボチャが、東南アジア経由で日本に持ち込まれたことがわかります。

大きく分類して日本カボチャと西洋カボチャとに分けられますが、そのほかペポカボチャ、ミクスタといった種類もあります。

現在の主流は西洋カボチャで、ニュージーランドやメキシコからの輸入も増えています。保存の適温は10℃。これより低温では組織が傷み腐りやすくなります。

カロテン含量はニンジンには及ばないものの、100g当たり4,000μg、食べる量が多いので貴重な緑黄色野菜です。

蟹は甲羅に似せて穴を掘る
――身近な動物の習性が教えること

夏の水辺で見かける蟹の行動

蟹（カニ）は節足動物の中の十脚目に属する動物。日本だけでも千種類ものカニがいるとされ、食用となるものもたくさんあります。高価なズワイガニは、「日本海の冬の味覚」として珍重されていて、これは寒い季節の食べ物です。一方、サワガニ、ヤマガニなどの小型のカニは、夏の川辺でよく見ることがあります。

その小さなカニたちの行動を見ていると、甲羅の大きさほどの小さな穴を掘って、そこに入っていることが多い――。そこで、「蟹は甲羅に似せて穴を掘る」という言葉が生まれました。生物の習性として、ちょうど自分の大きさの穴を掘ってそこに身を隠すのですが、この言葉、人の性格や振る舞いに当てはめて使われます。

つまり、人は自分の能力相応の行動をするものだという意味で、どちらかというと、それ以上のことはできないと揶揄《やゆ》するときのたとえとして、ぴったりの言葉となっています。

慌てる様子は「蟹の穴入り」

砂浜などの水辺に穴を掘るのは小さなカニ。「蟹の穴入り」も、その小さなカニの挙動を表現した言葉で、これは慌てふためく様子をいうものです。身近な小さな動物の動きをよく観察して、人の世界に結びつけた端的なうまい表現をしたものだと感心させられます。

「蜂《はち》の巣をつついたよう」とか、「蟻《あり》の這《は》い出る隙《すき》もない」とか、自然界の小動物たちをよく観察して、そこに人の行動を重ね合わせた言葉はたくさんあります。

カニは横に歩くので、文字通り「蟹の横這《ば》い」もそうです。これは物事がうまくいかないたとえ。ただし、カニにとっては横に歩くほうが自然なので、はた目には不自由なように見えても、本人は得意なことを表すときにも、この言葉は使えます。「猿の木登り、蟹の横這い」と続ける場合は、この使い方です。

猿蟹合戦―動物への人間の眼

動物や植物と人間の世界とを対峙させることは、よくあります。アリやハチが働き者に見られることは、例えばイソップ物語でも取り上げられています。アンデルセン童話には、そばの花が高慢なタイプに擬人化されています。周囲を見下しているような態度をとるそばが、揚げ句の果てに雷にやられて倒れてしまうという筋書きで、人はおごってはいけない、と戒めています。

「猿蟹合戦」では、カニは善良でお人よしのキャラクターとして登場します。今風にいえば、いじめられっ子が正義の味方の応援を得て、いじめっ子の猿を最後にはやっつけるという、小気味のよい勧善懲悪のストーリーが、共感を呼ぶのでしょう。

食材としてのカニ

カニは、食材としても一缶で一万円もする缶詰から、まとめてから揚げとして食べられる小さなものまで、まさにピンからキリまであります。越前ガニや上海ガニは高級な食材です。カニ缶詰は耐油性の硫酸紙で肉をくるんでいます。これはカニに含まれる硫化物と缶の鉄との反応を防ぐためです。

日本では昔から食品としてのカニを利用しながら、その生態をことわざに示して、一方で面白い表現を生み出してきました。

食のミニ事典

カニ（蟹）

（英）crab
（学）*Portnus trituberclatus*（ガザミ）

節足動物で甲殻類の一種。食品成分表では、えび・かに類として、ガザミ、毛ガニ、ズワイガニ、タラバガニの4種類が収載されています。

タラバガニは高級な食材として人気がありますが、生物学的にはヤドカリに属するもので、真のカニ類とは違うものです。

タラの漁場でよく収穫されることで、タラバガニの名で呼ばれるようになりました。

カニ類の旨味はエキス分とされる遊離アミノ酸、ベタインが主な成分です。死後の肉の変質が早いので加熱して食べられます。

甲羅には上皮組織にアスタキサンチンが分離し、さらにこれが酸化されてアスタシンとなって赤い色となります。小さいながら、サワガニのから揚げのきれいな色もこれです。

季節感を味わう

春から夏へ——。それはページをめくるように突然変わるものではなく、日毎に緑が濃くなって、いつの間にかといった感じで夏の到来を実感するのです。その間に梅雨があります。いつの時代にも変わりなく、季節は同じように移ろい、四季の変化を繰り返すのですが、このところ、地球の温暖化が進行して、しきりに異常気象ということがいわれるようになりました。

暦に示される自然現象も、また人の暮らしの姿も、昔と同じではなくなっている面もたくさんあります。“衣替え”という言葉も、必ずしもピンとこないという反面、クールビズだのウォームビズなどという言葉が生まれ、歳時記も様変わりしていきます。

けれども、暮らしの様態は変わっても、現代なりの季節感を常に感じながら、この時代を生きていきたいものです。そのためにも、食の分野での季節ごとの行事食や、地域に残る特色のある食べ物などを、できるだけ取り入れていきましょう。季節を味わうには、食のことわざは欠かせないものです。

秋のことわざ

食のミニ事典

貧乏秋刀魚に福鰯
——漁業と農業を結ぶもの

暖流と寒流がつくる漁場

日本は赤道付近から北へ流れる黒潮（日本海流）と、北太平洋、千島列島の東沿いに南下する親潮（千島海流）との、二つの海流に接する位置にあります。黒潮のように赤道付近の温度の高い海水が主体となった海流が暖流、逆に、北からの温度の低い海水の流れが寒流。本州北部の太平洋岸は、ちょうどこの二つの海流がぶつかる所で、暖流系の魚と寒流系の魚とが獲れる、世界でも有数の漁場となっています。

秋刀魚（サンマ）は、その漢字からもわかるように秋の魚。寒流に乗って日本近海にやってきます。鰯（イワシ）は春から夏に暖流に乗って北上し、秋にはまた南下します。寒流系の魚と暖流系の魚の、それぞれ代表のサンマとイワシですが、両者の関係を対比させて、ひと言で印象深く示したのが、「貧乏秋刀魚に福鰯」です。

夏の暑さが必要な日本の稲作

これは実は、農民側の立場を表した言葉なのです。サンマが豊漁の年は、寒流の勢いが強いので、夏の気温は比較的低い、一方、イワシが豊漁の年は、暖流の勢いが強くて夏は暑い、つまり、夏の気温の高低によって、稲作が左右されることをいっています。

寒流に乗ったサンマがたくさん獲れることは、それは夏の気温が低いことによって、農民は米の豊作というわけにはいかない——それで〝貧乏秋刀魚〟といったのです。イワシはこの逆で、暑い夏は稲の豊作を保証し、農民に福をもたらす、ということでしょう。

宮沢賢治が「雨ニモマケズ」の中で、〝サムサノナツハオロオロアルキ〟と心配したように、農民は一途に夏の天気を気にしていました。

しのぎやすい季節に

秋、食べ物が出回って十分に食べることが出来るようになれば、人は病気もしなくなる。「秋刀魚が出れば、按摩《あんま》が引っ込む」は、サンマとアンマの語呂の似たところを面白く対比させ、出ると引っ込む、と述語を反対にしたところがミソです。

指圧やマッサージをする按摩という職業の人が、昔は町を歩いて注文に応じて治療をしていました。〝引っ込む〟は、それだけ出番がなくなってしまう、つまり人びとが健康になり、からだの故障を訴えることが少なくなる、ということです。

親しまれた庶民の味、サンマ

落語の「目黒のさんま」は、庶民の味を知ってしまった殿様が、初めて食べた場所が目黒（サンマの獲れる海辺ではない）だったので、〝サンマは目黒に限る〟と言った話。家臣が殿様に献上したサンマは、手をかけ過ぎて素朴な味が落ちてしまったのでしょう。初めての味が忘れられなかったのです。

サンマは冬に近づくと味が落ちるといわれます。江戸の川柳には、「秋冷がつのってけちな塩さんま」と詠まれています。

食のミニ事典

サンマ(秋刀魚)

(英) pacific saury
(学) ***Cololabis japonais*** BREVOORT

日本近海を中心に、アメリカ沿岸までの北太平洋を回遊するサンマ科の魚。学名が*japon*からきているように、日本で昔から親しまれてきた魚です。イワシ、アジとともに大衆魚の代表とされます。秋に産卵のため沿岸にやってくることと、形が細長く刀に似ているので、漢字で秋刀魚と書かれます。ちなみに、魚偏に秋と書いた「鰍」は、サンマではなくてカジカと読みます。

五訂の食品成分表では、脂質は24.6%となっていますが、脂ののった時期のものは、脂質が25%にもなります。そのまま食べる塩焼きが最も一般的ですが、刺身でも食べられます。缶詰やみりん干しに加工されるほか、マグロ漁やハマチの養殖の餌にもされます。ドコサヘキサエン酸なども豊富な栄養食品です。

糸瓜の種はだいこんにならぬ

——実は役立ってきた作物

子規とヘチマ

明治の文壇に、俳句、俳論、和歌、歌論、随筆などの分野で大きな業績を残して、三十六歳の若さで没した正岡子規の命日が一九〇二年（明治三十五年）の九月十九日。辞世の句が糸瓜（ヘチマ）を詠んでいることから、子規の命日は「糸瓜忌」と呼ばれます。

糸瓜咲いて痰のつまりし仏かな

痰一斗　糸瓜の水も間に合わず

茎から採る水が痰を切る薬とされていました。第二句はこれも役に立たずに死んでいく自らの姿を詠んだものです。ヘチマの花の季節、肺結核の症状である痰がしきりにのどにからむ、という述懐が第一句。なんと、ここでは自身を仏と突き放していて、子規の達観した人生観がうかがわれます。

軒下にぶらりと下がったヘチマの風情が、何やら斜にかまえて人の世を見つめる子規の目線とだぶっているのが面白いところです。

食用以外のいろいろな用途

ヘチマを茎の途中で切って、ここから採れる汁液を化粧水として使いました。十四世紀（室町時代）に中国から入ってきたヘチマは、この化粧水への利用で、広く栽培されるようになります。ヘチマの汁は美人水の名で愛用されることになりました。江戸時代には花の露、江戸の水の名で、明治時代にはキレー水の名で親しまれました。そのほか、子規の句に見られるように痰の薬に、また乳の出をよくする効果や虫さされやしもやけに効くともいわれていました。

ヘチマの実を乾燥させたものは、繊維が多いので、そのまま入浴の際に肌をこするスポンジの役割を果たしました。その繊維を使った草履は、「糸瓜草履」として、爽やかな感触が好まれました。

このように役立ってきたヘチマですが、なぜかことわざでの評価は、あまりよくありません。「糸瓜の種はだいこんにならぬ」は、「瓜《うり》の蔓《つる》には茄子《なす》はならぬ」と同じように、価値の低いものからは価値の高いものは生まれない、ということをいっています。

沖縄料理のナーベラ

沖縄の料理の食材として、苦瓜《ゴーヤ》とともに欠かせないのが糸瓜《ナーベラ》です。ゴーヤチャンプルーのように、卵や豆腐と炒めたナーベラチャンプルー、スープ、からし味噌あえなど、いろいろな料理に使います。野菜と豆腐を味噌味で煮込んだンプシーに、ナーベラは欠かせません。実からしみ出る汁は沖縄では〝どぅー汁〟といいます。インドやスリランカには、ヘチマのカレーもあります。

「義理も糸瓜もない」

ヘチマは、気の毒なくらい軽蔑される立場の代弁者のように扱われてきました。「糸瓜野郎」といえば、ぶらぶらして役立たずの人間を、「義理も糸瓜もない」といえば、そんなことにはこだわっていられないという意味にと、とことん軽くあしらわれてきました。「糸瓜の皮とも思わぬ」も、まったく無視するということ。

そのヘチマが、ある意味での教訓ともいえる表現で詠まれている狂歌があります。

世の中は何の糸瓜と思えども
ぶらりとしては暮らされもせず

ここではヘチマは反面教師の役割を演じています。

食のミニ事典

ヘチマ（糸瓜）

（英）sponge gourd, loofah
（学）*Luffa cylindrical Roem*

熱帯アジア原産のウリ科の実で、英名はスポンジ状となるヒョウタンの意味。食用の用途のほかに、実を乾燥したものが、たわしのように使われるところからつけられた名です。中身を採った後は使い道がないので、「糸瓜の皮」といえば、まったく役立たずのものを指します。

食用として成分は食品成分表にも収載されています。水分が多く94.9%、炭水化物3.8%、ミネラルではカリウム150㎎、カルシウム12㎎、ビタミンC5㎎と、栄養的にはニガウリには及びません。味はくせのないところが好まれるようです。化粧水はヘチマ水2ℓにホウ酸5ｇ、エタノール150〜170㎖、グリセリン100㎖を加えて濾して作ります。現在のように化粧品がたくさんなかった時代には重宝されたものでした。

濡れ手で粟
―今見直される雑穀たち

抗アレルゲン食品として注目

古くから五穀として、米、麦、粟《あわ》、黍《きび》、豆が挙げられていました。豆は大豆です。豆を除いて稗《ひえ》を入れることもあります。

五穀は、五つの代表的な穀物というほかに、農作物全体をいうこともあります。「五穀豊饒《ごこくほうじょう》」といえば、農作物の実りが豊かなこと、豊作のことをいいます。

さて、五穀に数えられている粟や黍、昔は農山村の常食として広く食用とされていました。桃太郎の話に出てくる〝きび団子〟は、それが日常の食べ物だったことを示しています。この十年ほどの間に、アレルギーを防ぐ抗アレルゲン食品として注目されて、わずかずつですが栽培も増えてきています。

言葉だけが残って使われる

濡れた手を粟の中に入れれば、そこにはべったりとたくさんの粟粒が付いてくる――そのように労せずして利益を得ることをいったのが「濡れ手で粟」。

粟がどんなものか知らないと実感はわかりにくいのですが、この言葉、バブル経済の時代に、土地の転売でボロ儲けした、といったような状況を表すのに、今でもよく使われます。

粟や黍は、今では健康食品として市販されていますが、この言葉ができた時代とは違って、ほとんど生活の中で忘れられている食品です。それが、ことわざとしては現代の社会の実相に照らして、なんとなく聞く人がわかってしまうというところに、ことわざの持つ力があるのではないでしょうか。

中国のことわざにも同じように、「湿手插在干面里《シイショウザオツァイガンミエンリ》」（濡れ手を小麦粉に入れる）というのがあります（干面は小麦粉）。発想は同じです。要するに細かいものの例として、ここでは小麦粉を挙げているわけです。

「粟一粒は汗一粒」

粟が小さな粒であることから、いわゆる鳥肌のことを粟膚《ぞくふ》ともいいます。急に寒さに出合ったり、緊張したりして鳥肌が立つ様子が、「肌に粟を生じる」——。鳥肌は英語でも「goose flesh」（がちょうの肌）ですが、日本語では、鳥と同時に粟になぞらえたところに、農耕民族としての発想の面白さがあるといえるでしょう。

その〝吹けば飛ぶような〟というほどの小さな粟の一粒も、実は畑仕事の苦労があって初めて得られるものなのだ、との教えが、「粟一粒は汗一粒」で、農民の仕事の大変さを強調した言葉です。

粟より小さいアマランサス

最近、注目されている穀類にアマランサスがあります。

米、小麦、大麦、粟、黍など穀類のほとんどがイネ科なのに対して、アマランサスは、ヒユ科、ケイトウの仲間です。

南米大陸原産のものが日本に取り入れられて、栽培が行われるようになりました。アマランサスの粒は粟よりも、さらに小さい直径1～2㎜ぐらい。「濡れ手で粟」、「濡れ手で粟のぶったくり」、「濡れ尻で粟に座る」など、粟の付くことわざも、粟に代わってアマランサスとしたほうが、いっそうリアルな表現となるかもしれません。

アマランサスは、穀類の中ではオートミールにされるエンバクに次いでたんぱく質が多く含まれています。健康食品として、自然食品の店などで人気を呼んでいます。

食のミニ事典

アワ（粟）

（英）foxtail millet
（学）*Setaria itarica Beanu*

イネ科の一年草で、原産地は東インド地方とされ、ユーラシア大陸に広く栽培されてきました。日本でも、米が伝えられる前から食用とされていたようです。やせ地でも育つので、昔から救荒作物として重要なものでした。

粟には米のように、ウルチ種とモチ種があります。

ウルチ種は米と一緒に炊いたり、粥《かゆ》として食べられます。モチ種は粟餅《あわもち》、おこし、団子などに利用されます。また、あめや酒の原料ともなります。

穂の形がキツネの尾に似ているので、英語ではfoxtail millet（キツネの尾のキビ）と呼ばれます。密集した実が重そうに付いた穂が、たわわに垂れた畑も、今では見られなくなりました。生産もわずかですが、長野県産、岩手県産のものが通信販売で売られています。

いが栗も内から割れる

――縄文人も食べていた山の幸

十三夜の月見に供えられるクリ

〝月月に月見る月は多けれど月見る月はこの月の月〟――やはり秋の月が一番、月見は秋の行事とされています。月見といえば陰暦八月十五日の月で、これが仲秋の名月です。現在のカレンダーでいえば十月初めの頃。

十五夜の宴の風習は中国から伝わったもので、中国では特に明《みん》の時代から盛んに行われるようになったとのことです。月餅《げっぺい》は、文字通り月見のために供える菓子です。

日本では十五夜だけでなく、これより一ヵ月ほど遅れて十一月初め、陰暦九月十三日の十三夜も、同じように月見の対象とされました。十三夜は「後の月」といわれていて、「片月見をするものでない」という言葉もあるくらいで、昔は十三夜も忘れずに月見をしたようです。この十三夜が「栗名月」と呼ばれます。

いろいろに解釈できる面白さ

縄文時代の昔から食べられていた栗（クリ）。採取経済といわれた時代の食料として、秋の山の幸である木の実は、何より貴重なものでした。カシやクヌギの実であるドングリも、アク抜きを工夫して食べていました。クリはドングリに比べて味も良く食べやすいことから、貴重な食料だったことでしょう。

「いが栗も内から割れる」は、堅い刺《とげ》に覆われて中の実が取りにくいクリも、時期がくれば自然に割れて実が顔を出す――何事も時期を待てば、それなりに良い状態、扱いやすいようになっていくものだ、という意味の言葉です。

この言葉、考えようによって、さまざまの解釈ができます。古くからは、不愛想な娘でも、年頃になればそれなりに魅力的な色気が出てくるものだ、などといった説明がされていますが、食べ物とは縁遠いような毬《いが》という強固なガードと、中身のおいしいクリとの取り合わせは、いろいろな状況のたとえとして使うことができます。

機密に対してガードが固い政府の機関の関係者の汚職など、内部の告発で結局は表面に出てくる――これは〝内から割れる〟といった表現にふさわしいと思うのですが、どうでしょうか。毬はひとつでも実は複数、というのも、内輪の分裂をいい当てているようで愉快です。

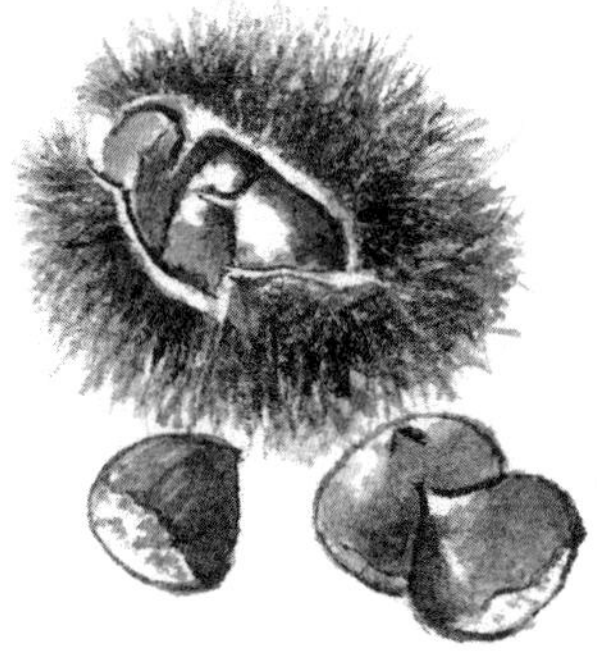

貴重だった自然の甘さ

クリとサツマイモは自然の甘味として、昔は貴重なものでした。砂糖が貴重品だった時代、クリやサツマイモは何よりの甘味として親しまれました。

サツマイモは甘味があるので、それだけ嗜好品としての扱いを受けていたのでしょう。江戸時代、焼きいも屋の屋台に、こんな川柳が掲げられていました。

「野狐《のぎつね》や　汝《なんじ》も好きか　八里半」

キツネに八里半を勧めているのですが、ここで八里半は九里（クリ、栗）に近いという洒落《しゃれ》になっています。やはり当時はクリのほうが甘味も勝っていて上等だと思われていたことがわかります。

食のミニ事典

クリ（栗）

（英）chestnut
（学）*Castanea crenata* Sieb et Zucc

ブナ科クリ属の木の種実。世界各地に分布していて、古くから食用とされてきました。ヨーロッパではローマ時代かそれ以前に、すでに栽培されていたとされています。日本でも古事記に登場しています。日本のクリは、山地に自生するシバグリから改良されたもので、ニホングリと呼ばれます。

主な品種は国見（農林５号）、筑波（農林３号）、銀寄（丹波栗として有名）など。主成分はデンプンで、甘味はショ糖が主体で、わずかにブドウ糖や果糖を含みます。ビタミンとしてはＣとB_1が比較的多く含まれます。

天津甘栗として市販されているものは、ニホングリとは異なる品種で、渋皮が分離しやすく、甘味が強いのが特徴です。日本のものより小粒ですが、板栗《バンリィ》という大粒のものもあります。河北省のものがたくさん輸入されています。

山椒は小粒でもピリリと辛い
——香辛料の日本代表にふさわしい？

小さくても優れている

からだは小さくても、気性や才気に優れたもののたとえが、「山《さん》椒《しょう》（＝サンショ）は小粒でもピリリと辛い」です。

山葵（ワサビ）とともにサンショウは、日本で発達した数少ない香辛料です。日本産ハーブの代表ともいえるものです。実はたいへん小さく数㎜の大きさ。サンショウの実には、香気のもととなっているリモネン、シトロネラールのほか、辛味成分のサンショオールが含まれています。

サンショウの実が小粒ながら辛味を持つことになぞらえて、この言葉が生まれました。小さくても能力は優れていることを示すこの言葉、なにやら島国日本の気負いを表しているともいえそうです。

日本語で〝辛い〟というと

ところで、ここでピリリと辛いと表現されている味は、まさしくピリリとしびれるような味です。同じ〝辛い〟といっても、この味噌汁は辛いというときの〝辛い〟とは違います。味の濃すぎる味噌汁の辛さは塩味が過ぎる、つまり塩辛い（しょっぱいともいう）ことを示します。このように日本語では塩辛いのもピリリとした刺激も、どちらも〝辛い〟と同一の表現をしています。

中国語（漢字）では塩味の濃い場合には鹹《シェン》の字を、ピリリとした刺激には辣《ラァ》の字を当てます。さらに同じく刺激的な辛さに対しても、トウガラシの辛さには辣が用いられるのに対し、サンショウのしびれるような辛さには麻《マァ》の字を使います。

英語でも塩辛いはsaltyですが、ピリリとする辛さはhotで、塩辛いとの混同はありません。そのうえ、同じ辛味でも、ワサビのようにつんとくるものはsharpとなります。

面白いことにhotな辛さは馴れると強い刺激を受け入れることが平気になるのに対して、sharpな刺激には馴れることがありません。激辛カレーに馴れている人でも、寿司のワサビの効き過ぎたものは耐えられない、ということがあるのはそのためです。

効果がある「山葵が利く」

ワサビはピリッとした刺激が特徴です。そこで、味が強烈なこと、転じて言動が引きしまって鋭く相手の急所をつくような、効果的な表現を「山葵が利く」といいます。相手にきつい言葉を言い過ぎたときなど、「山葵が利き過ぎた」かもしれないと、反省することになります。

要するに、香辛料は料理の大切なアクセント――。上の表現は料理のポイントでもありますが、同時に度が過ぎると良くないことの意味も込められています。味も香りもわからずに、未消化のまま丸呑みしてしまうことは、「胡椒《こしょう》丸呑み」となります。こちらは、言葉の表面だけを受け取って、内容を理解しないようなときにも使われます。

時代が変わっても生き残る

ことわざには、このように権威をあざ笑ったり、弱者の負け惜しみや気負いを表現したりするものが、しばしば見られます。日頃食べられている食品を使って端的に言い表したこの種の言葉は、時代が変わっても生き残ってきています。

現代でも、新聞の川柳欄などでの風刺に、この伝統が見られます。

食のミニ事典

サンショウ(山椒)

(英)japanese pepper
(学)*Zanthoxylum piperitum.DC*

ミカン科の落葉低木で、古くははじかみと呼ばれ、数少ない日本独特の香辛料として親しまれてきました。英語のjapanese pepperの名も、日本で利用されてきたことを示すものです。

若葉はつくだ煮や木の芽あえに、実は汁物に、乾燥させて粉末としたものはウナギの蒲焼きやさんしょう焼きに用いられます。特に若葉の香りが良いので、たんに“木の芽”といえばサンショウのことを指すほどです。

さんしょうの芽、木の芽は俳句では春の季語。さんしょうの花、はじかみの花は夏の季語、さんしょうの実は秋の季語、七味とうがらしにも欠かせない材料で、関西の調合では、関東系がトウガラシが多いのに対して、サンショウを多くする傾向があるようです。漢方では、健胃、整腸、回虫駆除に用いられます。

隣のおはぎと遠くの夕立来そうで来ない

――彼岸の食べ物と地域社会

近所付き合いの今昔

都会のマンション住まいなどでは、壁ひとつ隔てた隣の人に対して、まさに〝隣は何をする人ぞ〟の言葉通り、知らないことが多いものです。ここ何十年か、近所付き合いの様態が変わってきていることは確かでしょう。何か多少余分に作ったものを、隣家に持っていくということが、以前はよく行われていました。

正月の餅《もち》つきは時期も限られているし、何より臼を持ち出して準備も大変、どうしても周囲の目に触れます。隣で餅つきが始まった、賑やかな話し声も聞こえます。けれど、それはあくまで隣の家のこと、わが家には関係ない――といった状況をいった言葉が、「隣に餅つく杵《きね》の音、耳に入っても口には入らぬ」です。

音がしないから気づかれない

つけば杵の音がする餅に比べると、おはぎは別に大げさな準備はいりません。そこで、無理して隣近所に分けるほど作らなくても、小じんまりと自分の分だけ作る、ということになります。というわけで、隣家からすれば、おはぎは口に入りません。

このことをいったのが、「隣のおはぎと遠くの夕立来そうで来ない」です。遠くの空が雲に覆われて、時折稲妻が光ったりする夏の夕方――。その辺りは夕立が降っているようですが、こちらは降りそうな気配もない、そんなことがよくあります。

ことわざには、「男心と秋の空」とか「親と月夜はいつでもよい」とか、気象条件や自然を引き合いに出したものが、たくさんあります。日本人が、それだけ自然を身近に感じていた証拠といえるでしょう。上の〝夕立〟のたとえも、そのひとつです。

言葉遊びの面白さ

おはぎ、牡丹餅《ぼたもち》はことわざに、しばしば登場します。餅でも〝つかない〟に引っかけて、〝つき〟がない、〝つき〟が入らないから〝北窓〟。これは北窓は月の光がさし込むことはない、というところからきています。

高知県・土佐は、昔から酒呑み王国とされてきました。この土地に伝わる酒杯で、底の部分に孔《あな》があいていたり、底がとがっていて卓に置けない形だったりといった、奇妙な酒杯（猪口《ちょこ》）があります。これが〝ソラキュー〟とか〝可杯《べくはい》〟とか呼ばれるものです。ソラッと注いだらキューッと飲むからソラキューという、そして可杯とは〝下に置かない〟という意味とのこと。なぜ、可杯が下に置かないとなるかというと、漢文では可（べし）という字は〝～するべし〟というとき〝可○〟と上につく、つまり下に置かないからというのです。

存在感があった牡丹餅

隣に聞こえる餅を搗《つ》く音がしないことから牡丹餅は〝隣知らず〟ともいわれます。

「棚から牡丹餅」は、何もしないのに思わぬ幸運が転がり込んでくること。「夜食過ぎての牡丹餅」「隣の牡丹餅大きく見える」「牡丹餅で頬《ほお》を叩かれるよう」（気持ち良いこと）など、牡丹餅の登場する言葉はいくつもあります。現在のように菓子の種類が多くなく、食べる機会も限られていた時代には、牡丹餅の存在感は大きなものがあったようです。

食のミニ事典

おはぎ・ぼたもち（牡丹餅）

（英）glutinous rice ball coated with sweet bean jam

もち米とうるち米を合わせて炊くか蒸すかして、少しついて丸めてあん、きなこなどをまぶします。牡丹餅は小豆あんだけ、そのほかをおはぎと呼ぶこともありますが、厳密な区別はないようです。おはぎは“萩”の餅で秋のもの、牡丹餅は“牡丹”の餅で春のもの（ただし、牡丹は俳句の季語では夏）とするという説もあります。牡丹の字を当てるのは牡丹の花のようにあんをつけるから、とされています。

現在では春と秋の彼岸《ひがん》に食べられるものとして、おはぎの呼称で呼ばれることが多くなりました。やはり、行事と結びついた食べ物には、それなりの強みがあります。“遠くの夕立”ではなくて、今でもお隣に届けられるおはぎが、どこかにあるのではないでしょうか。

葡萄酒には樽の味がつく

——熟成の巧妙なメカニズム

厚みのあるワインは樽で熟成

日本では葡萄（ブドウ）は秋の果物として親しまれていますが、ヨーロッパでは、生で食べるよりも、ワインへの利用が中心となっています。

ワインは、その年のブドウで作った、ヌーボーと呼ばれる新酒を除いて、熟成という工程を経て出荷されます。発酵を終えた若いワインを熟成させる方法は、現在では樽に入れるかステンレスかホーローのタンクに入れるか、二つの方法があります。フルーティーな感じの軽い味のワインにはタンクが用いられているようですが、厚みのある（ボディーのしっかりした）ワインには樽が用いられます。樽の材質としては、フレンチオーク（樫《かし》）が良いとされ、樽の木質の成分が、ワインに溶け込んで、深みのある味わいが生まれてくるのです。日本酒でも、樽の成分が、樽酒独特の風味を作ります。

フランスのことわざの「葡萄酒には樽の味がつく」は、このことをいった言葉。原料のブドウの種類や品質、出来不出来もさることながら、熟成するときの樽によって、ワインの味は左右されることになります。

ワインに関することわざ

「葡萄酒には樽の味がつく」は、文字通りにワインの味が熟成という過程で、微妙な条件で変わってくることをいった言葉ですが、この言葉は、人間も置かれた環境によって、その人となりや性格、能力などが違ってくる、といった教訓的なことを教えているとみることもできます。ブドウ栽培が早くから発達し、ワインが作られていたヨーロッパでは、人の人格形成に環境が大切なことを、ワイン作りに託して表現しているのが面白いところです。

ワインに関することわざも、この風土を反映して、たくさんあります。「ワインを抜いた以上は飲まねばならぬ」は、何か行動を起こしたら、ともかくも終わりまでやり通さなければならない、という意味。これは、ことのついでに多少の危険を冒しても、ともかく行くところまで行かねばならない、「毒を食らわば皿まで」のような意味にも使われるようです。

「友人と古いワインが一番よい」は、よく熟成されたワインは、古い付き合いのある友達のように良いものだということで、ここでもワインの熟成の効用が、良き友情の引き合いに出されています。

樽や瓶の蔭の働き

ワインが樽の良し悪しによって味が変わるように、昔から酒の保存中の容器によって、酒の味や性質が微妙に変化してくることは、経験的にはよく知られていました。

樽や桶が広く用いられるようになったのは、十五世紀、室町時代といわれています。中国から伝えられた鉋《かんな》が、一般的に使われるようになったことで、樽木が削られて樽ができるようになったのでした。初めは柳の木で作られていた樽が、やがて江戸時代には杉で作られるようになり、酒に木の香りがつくことも好まれて、樽酒が珍重されるようになりました。

樽が出てくることわざで面白いのが、「空樽は音が高い」——。中国では瓶《かめ》が多いので、同じことをいうのに、「満杯の瓶は音をたてないが、半分しかはいっていない瓶は音がやかましい」といういいまわしがあります。空樽と瓶の半分、同じ発想です。

食のミニ事典

ぶどうしゅ(葡萄酒)・ワイン

(英)wine (仏)vin (独)wein

ブドウの汁をしぼって、発酵させて作った酒で、人類が作り出した酒の中では最も古いものです。自然に生えているブドウを採取して、これを貯蔵している間に、果皮に付着している酵母が働いてアルコール発酵を起こして自然においしい飲み物となることを発見したのが、人とワインとの最初の出会いでした。中央アジアの古い文献とされる旧約聖書の創世記に、すでにワインの記述があります。

ワインには、ブドウの果皮や種子を分離せずに発酵させた赤ワインと、果皮や種子を分離した果汁を発酵させた白ワイン、両者の中間的なタイプのロゼワインとがあります。日本では白ワインの消費が多かったのが、数年前、赤ワインのポリフェノールが健康に良いとされたブームで、最近は赤がよく飲まれるようになりました。

そのブドウはすっぱい
——ほんとうのところは？

寓話の宝庫「イソップ」

人生のいろいろの知恵や教訓を読み手・聞き手に伝えるのに、動物の世界を題材として、たとえ話としてわかりやすく綴《つづ》ったものが寓話《ぐうわ》です。昔からよく知られているのが『イソップ寓話集』——。イソップ（アイソポス）は古代ギリシャに生きた奴隷でしたが、たくさんの寓話を残しました。中には、イソップ本人が記したものかどうか判然としないものもあるとのことです。

登場する人物、神、動物、植物なども、多神教であったギリシャの風土を反映して、実にさまざま——。

力不足の原因を転化

葡萄（ブドウ）棚に豊かに実ったブドウの房が下がっています。そこに飢えたキツネがやってきてブドウを取ろうとしますが、ブドウの房は高い所にあり、跳び上がっても届きません。そこで、キツネは、こう言って立ち去りました——「そのブドウはすっぱい」と。

わずか数行の短い文章のこの話、原文はこの後に、〝同様に、人間のなかにも、自分の力がなくてことをうまく運ぶことができないのを、周囲の事情のせいにする者がいる〟と続きます（塚崎幹夫訳『新訳イソップ寓話集』中公文庫）。

英語で「すっぱいブドウ」（sour grapes）といえば、「負けおしみ」のことです。キツネはほんとうは飢えていてブドウが欲しいのに、そのブドウはすっぱいからいらないのだと、手に入らないことを別の原因で正当化しようとします。

もっとも、この教訓、別の意味では、得られないものに未練を残すな、すっぱいと思えばあきらめもつく、ものは考えようだとの教えともいえます。

遠く遥かなるブドウの来た道

イソップには、ブドウはほかにもいくつか出てきます。「シカとブドウの木」の話はこうです。猟師に追われたシカがブドウの葉の陰に隠れます。シカは隠れ通せたと思ってブドウの葉を食べましたが、その時、葉が揺れたのを見て猟師がシカを撃ちました。シカは自分は恩になったブドウの葉を食べてしまったのだから、こうなるのは当然の報いだ、と言って死んでいきました――と。恩を忘れてはいけない、との教えです。

中央アジアが原産のブドウは、今では世界各地に広まっています。ブタウというウズベク語が中国のシルクロードに伝わり、漢字の葡萄（ブタウ）が当てられ、これが日本に伝わって、日本語のブドウになりました。

中国新疆《しんきょう》省トルファンのあたりには、日本に伝わる遥か昔の品種の名残のような、馬奶《マアナイ》と呼ばれる馬の乳房に似ているという透き通った緑色の大きなブドウがたくさん見られます。

長い道のりを経て日本にやってきたブドウを思うとき、二千年以上も前にそのブドウとキツネを組み合わせて見事な教訓をつくったイソップという人物に、改めて畏敬の念をおぼえます。

食のミニ事典

ブドウ（葡萄）

（英）grape
（学）*Vitis unifera* L.

ブドウ科のつる植物。世界にはたくさんの種類があり、ヨーロッパ系とアメリカ系に分けられます。ヨーロッパ系のものは中央アジアで古くから栽培されていました。旧約聖書の「創世記」にある「ノアの方舟《はこ》」の話で、大洪水の後、方舟で助かったノアが、たどり着いたアララトの丘で、まず行ったのがブドウの栽培でした。そして、ワインを作ったのです。この話は、人間とブドウの付き合いが、それだけ長いことを示しています。

学名の*Vitis*は、ギリシャ語の“生命”を意味する言葉。vitality（活動的）という言葉は、ここからきたものです。ビタミンの名も、vit（生命）とamineとを重ねてつけられたものです。viticultureはブドウ栽培のこと。それだけブドウはワインのための重要な作物として大切にされてきたということです。

盗んだリンゴは甘い
——人により味わいはいろいろ

状況によって味は異なる

「盗んだリンゴは甘い」（Stolen apples are sweet.）——イギリスのことわざです。

盗むということは、心の中での動揺・葛藤があるために、一面、それはスリルに満ちた行為ということになります。そのスリルを体験した後に味わうリンゴは、ことさら甘く感じる、というのがこの言葉の意味です。

味とは複雑なもので、リンゴも糖分何%、酸が何%と、分析値は同じでも、人によって味の感じ方はさまざま。しかも、その人のおかれた状況によって、また味は変わってきます。

スリルを味わう楽しみ

食べ物の豊富な現在では考えられませんが、昔は子どもたちがよその家の柿（カキ）を見つからないように採りにいく、といったことはよくあったものです。

人間には禁を冒して手に入れたもの、一種の背徳、アンモラルなものには、そのために却って密かな楽しみを感じる、といった心理があるのでしょう。「盗んだリンゴは甘い」は、これをうまく表現しています。

旧約聖書にも、「盗みたる水は甘く、密かに食らう糧《かて》は美味《よきあじ》なり」（箴言9・17）というのがあります。

歩きながらリンゴをかじるといった、日常とは異なった食べ方に、特においしさが感じられるのも、やはり、ここに一種のスリルが感じられるからです。札幌の街角の初秋の風物詩、焼いたトウモロコシ〝とうきび〟も、そういえば歩きながら食べるところに味わいがあります。ただ、リンゴの品種も変わってきて今では主流はふじ。かじって食べられる小ぶりの紅玉は、小数派です。

日本のことわざにはリンゴがない

日本にリンゴが伝わったのは十九世紀半ば、本格的に普及していくのは明治以後です。したがって、日本にはリンゴが登場することわざは見当たりません。江戸の川柳にも、カキやナシは詠まれていてもリンゴはありません。

ヨーロッパでは、北方地方を除いて、リンゴは古くからある果物です。旧約聖書の創世記に出てくるアダムとイブの話の中の禁断の果実は、一般的にリンゴとされることが多いのですが、リンゴとは書かれていません。〝園の中央にある樹の実〟だけは、食べても触れてもいけない、とあるだけです。「失楽園」がテーマの多くの絵画にリンゴが登場しているのは、画家の想像によるものです。

「良いリンゴは虫に食われる」

ロシアのことわざで、おいしいリンゴは虫がよく知っていて、早く食べてしまう、という意味。農薬を使わない野菜が、虫がつくことが多いのも同様です。自然界に生きる動物は、それなりにおいしいものを知っているのです。

なお、この言葉にも字義通りの意味のほかに、人間社会に当てはめて別の意味が隠されています。日本流にいう〝虫がつく〟という意味ともとれますが、良いもの、能力のあるものは痛めつけられて消え去る運命にある、〝佳人薄命〟のこととも考えられます。

このように、ひとつの言葉にいろいろの含みがもたせられるところに、ことわざの面白さがあります。

食のミニ事典

リンゴ(林檎)

(英)apple
(学)*Malus pumila MILL.var. domestica* SCHNEID

バラ科で原産地は中央アジア。早くからヨーロッパに伝えられて栽培されてきました。品種改良が容易で、たくさんの品種があります。日本には明治初期に導入されましたが、新しい品種が育成されて広まったのは、1950年代以後。紅玉、国光、インドなどの古くからあった品種が減少して、最近ではふじが主流を占めています。

1960年代までは日本の果実のトップを占めていましたが、その後、ミカンに追い越されて、現在は100万ｔ以上生産されるミカンについで、生産量は約90万ｔ。主な産地は青森と長野で、この両県で日本全体の７割ほどがつくられています。

生食のほかジュース、ジャムなどの加工品に。ペクチンの整腸作用、カリウムによる血圧降下の効果も期待される果物の代表です。

秋鯖は嫁に食わすな
——味が良いということで

いじわる説と親切説と

「秋鯖《さば》は嫁に食わすな」は、「秋茄子《なす》は嫁に食わすな」とともに、よく知られたことわざです。この二つのことわざには、どちらも旨いものは嫁に食べさせるのはもったいない、といった嫁いびりの意味と、サバはもしあたったら（中毒したら）困る、ナスは身体を冷やしてはいけない（ナスは漢方では冷野菜）という心配から、大切な嫁には食べさせてはいけないという意味との、二つの相反する解釈があります。

秋のサバは脂がのっておいしいとされる反面、昔からサバは傷みやすいため、食中毒の原因となることも多く、それだけに注意しなければいけないといわれてきました。「秋鯖は嫁に食わすな」と同じように、「秋魳《かます》は嫁に食わすな」ともいわれます。

サバは扱いに注意を

魚の中でもサバは特に傷みやすいといった言葉が、「鯖の生き腐れ」——。生きたまま腐ることはないとしても、要はほかの魚に比べて、新しいと思われるものでも傷んでいる可能性があるから注意しなければいけない、との教えです。

サバに限らず、青魚と呼ばれる魚には酵素が多く、魚が死んだ後も酵素は活性を持っていて、筋肉のたんぱく質をどんどん分解していきます。これが自己消化（自家消化）で、その結果、腐敗は早まります。サバのたんぱく質を構成するアミノ酸にはヒスチジンが多いので、これがヒスタミン脱炭酸酵素の作用でヒスタミンとなり、このヒスタミンがアレルギー様の症状を起こします。

現在のように冷蔵庫もなかった昔は、低温で流通させることも保存させることも難しいことでした。そこでサバにあたることも多かったのでしょう。食中毒を警告する言葉には、「秋鯖の刺身にあたると薬がない」というのもあります。

「鯖を読む」という言葉にも

「鯖を読む」とか「鯖読み」というのは、数を勘定するときに、数え手の有利なようにごまかすことです。昔から市場では、魚を取り引きするのに、それなりの決まりがあったのでしょう。鰯（イワシ）のように小さい魚では、ひとつひとつを数えるのは大変です。これは目方で取り引きされました。一匹ずつ数えるとして、鰹（カツオ）のようにある程度大きいものでは、数えるとしてもごまかしようはないでしょう。

その点で、サバは大きさは手頃。次から次へと数えていくときに、数え方をごまかすことが行われたのでしょう。そこから「鯖を読む」が数えていく段階で数をごまかすことに使われるようになりました。実際の年齢よりも若く年を偽って言う場合にも、「鯖を読んでる」というように使われます。

ごまかすという言葉、江戸時代にあった胡麻胴乱という菓子の名からできたものとされています。小麦粉にゴマを混ぜて膨らましたもので、中が空洞のようなので、内容のないもの、見かけ倒しのものを胡麻菓子《ごまかし》といい、これが動詞になったというのです。

他方、「ごま」は祈祷の際に焚く「護摩」で、弘法大師の護摩の灰と称して、ただの灰を売っていたので、この「護摩」に〝はぐらかす〟の〝かす〟がついてできたとの説もあります。

食のミニ事典

サバ(鯖)

(英)mackerel
(学)*Scomber japonicus*（マサバ）

スズキ目の海魚。マサバとゴマサバとがあり、マサバ（ホンサバ）は秋が旬、ゴマサバ（マルサバ）は夏が旬とされています。

青魚と呼ばれる魚の代表とされ、イコサペンタエン酸（IPA）、ドコサヘキサエン酸（DHA）が総脂肪酸100ｇ中、それぞれ5.7ｇ、7.9ｇと、たくさん含まれています。

新鮮なものは刺身にもされますが、一般には味噌煮やしめ鯖、鯖寿司などとして食べられます。味噌は鯖の臭みを消す働きがあり、味噌煮は優れた調理法といえます。

漁獲量は約51万ｔ（99年）で、日本の魚類の全漁獲量約410万ｔのうち第1位です。そのほか、ノルウェーなどからの輸入も多く、約16万ｔ（2000年）と、マグロ、エビ、サケ、マスに次いでいます。昔も今も大衆魚として、日本の食卓になくてはならない魚です。

柿が赤くなると医者が青くなる

――暮らしに根づいた日本を代表する果物

「秋になるとほいと腹になる」

　秋は穀物が実を結び、果物が色づく季節として人びとは待ちこがれていたのでしょう。食べ物が豊富に出回り、たくさん食べられるということから、日本語の秋の語源は〝飽き〟、つまり飽きるほど食べ物が出回ることからきたともいわれています。

　夏の暑さも遠のき、実りの秋が来て食欲も旺盛になる、という状況を「秋になるとほいと腹になる」といいます。ほいとは乞食《こじき》のこと。乞食は何でも食べる（食べざるを得ない？）からです。このように、秋は食欲旺盛となる季節です。

権威を皮肉った庶民の感覚

「柿《かき》が赤くなると医者が青くなる」は、秋も深まりカキが赤く色づく頃になると、健康状態も良くなり、病気も減ってくるので、医者にかからなくなる――そこで、医者は患者が来ないで商売あがったりの結果、青くなる、といった言葉。カキの色の赤と顔色の青（慣用的な表現で）との対比が面白いところです。

　ことわざや川柳の中では、このように医者という社会的権威を野次馬根性から皮肉った表現がよく出てきます。僧侶に対しても同称です。「医者が取らねば坊主が取る」というのは、病気で医者に金を払う、死んでしまったら今度は葬式や法事で寺に金を納める、というわけで、世の中いつも金が要る、ということをいっています。

　カキは熟すと赤くなり、柚子（ユズ）は熟すと黄色くなります。そこで、カキの赤をユズの黄色に変えて、「柚子が黄色になれば医者が青くなる」ともいいました。

　「枇杷《びわ》黄色にして医者忙しく、橘《たちばな》黄にして医者蔵《かく》る」も内容は同じこと。枇杷（ビワ）の実る梅雨時は、病気が多く医者は忙しい、けれども、柑橘類（みかんなど）の色づく秋から初冬は、医者は暇になる（蔵るは、隠れると同じで引っ込んでしまうこと）というわけです。

健康食品としてのカキ

カキを食べただけで健康になれるわけではありませんが、いわばカキが味覚の秋を代表するものとして登場しています。カキの栄養価値、保健上の役割、薬理効果については、古くから知られていて、漢方や仏教医学（教典に示された効能）では、いろいろな効用がうたわれています。

『医の食物誌・食卓の仏教医学』（岩淵亮順・六興出版社）では、仏典に出てくるカキの効用として、しゃっくり、夜尿症、解熱、眼底出血、脚気《かっけ》、吐血、歯痛、痔、二日酔い、たむし、膀胱炎、毒虫さされ、痛風に効くとあります。実はもちろん、へた、葉、皮と全部が利用され、枝や幹は火葬の薪《たきぎ》に良いとされています。

カキの生産者の組合が柿のPRに使っていたのが、「柿の好きな人は風邪をひかない」というキャッチコピー。これはビタミンC（100g中70㎎）の豊富なカキを常食することで、毛細血管をじょうぶにするといった効果をいったものでしょう。

食のミニ事典

カキ（柿）

（英）persimmon
（学）***Diopspyros kaki***

アジア原産で学名にも日本語のカキがつけられています。古くから身近に利用されてきた果物で、日本だけでも1,000種もの品種があるといわれますが、現在市販品として多いのは富有《ふゆう》、平核無《ひらたねなし》、次郎など。大きく分けて甘柿系と渋柿系とがあり、渋柿系はそのままでは渋味が強くて食べられないため、渋抜きをしてから出荷されます。

柿の渋味成分はシブオールと名づけられたタンニンの一種で、渋柿ではこのシブオールが水溶性のため、舌に渋味として感じるのです。渋抜き（主としてしょうちゅうを使う）の操作をすると、このシブオールが水に溶けなくなることによって渋味が感じられなくなります。渋味を抜くというより“閉じ込める”結果、甘味だけを味わえるのです。この食べ方も、柿との長い付き合いから生まれた知恵ともいえるものです。

秋の風でそばがたまらぬ
――めん文化を支えてきた伝統食品

山里の秋の風物詩、そばの花

そばの花　山傾けて白かりき
　　　　　　　　　　山口青邨

そばには初夏にまいて夏に収穫する夏そばと、立秋の頃にまいて十月に収穫する秋そばとがあります。どちらにしても生育が早いので、昔から米の収穫が危ぶまれる年には余計にそばを作るなどと、救荒作物としても利用されてきました。

〝そばの花〟は秋の季語。柔かな日差しが山の斜面を照らし、その山すそ一面に白いそばの花が咲いている、というのが上の句の情景です。

そばの花の咲く頃は、台風のシーズンでもあります。「秋の風でそばがたまらぬ」は、強い風でそばが倒れてしまう様子をいった言葉です。ただし、これは文字通りの意味とは別に、何かの影響でそば（側）が迷惑する、といった意味も含んでいます。そばという音《おん》を「側」にかけていった言葉です。

「わたしゃあなたの側がよい」とか、引越そばを配って「お側にまいりました」との挨拶ともするように、そばは言葉の洒落《しゃれ》としても、よく使われます。そばをめぐることわざも、たくさんあります。

「そばと坊主は田舎がよい」

江戸時代、屋台のそば売りが盛んになって、江戸の外食産業の花形といわれたそば――。落語にもよく登場するように、まさに日本の伝統の味覚のひとつとされています。

ところが、そのそばも現在では大部分が輸入に頼っていて、玄そばとしての需要の約12万ｔのうち、八割強が輸入品です。輸入の八割は中国産、その他カナダ、アメリカ、オーストラリアなどからとなっています。日本では北海道が主産地ですが、昔から信州そば、出雲《いずも》そば、祖谷《いや》そばなどといわれて、そばが名物の所は、多くは山間のひなびた土地でした。そこで、「そばと坊主は田舎がよい」という言葉が生まれました。昔からの高僧は地方出身者が多いといわれます。そこがそばと共通しているというわけです。

「そばは牛の鼻息でゆだる」

そばが日本人の暮らしに馴染んだ食べ物だっただけに、そばに関することわざの類はたくさんあります。

まず、そばを打つときのコツをいった言葉――。「一こね二伸《の》し三包丁」は、そば作りの段階で何が一番大事かを教えています。一見、長い麺棒でくるくると巻いては伸ばす伸しのところや、そば包丁でとんとんと刻んでいく名人業に目がいきますが、最も肝心なのはそば鉢でこねるところ。そこで、この言葉、「一鉢二伸し三包丁」ともいいます。粉に水を打ち、こねて丸めるところがポイントです。

ゆでるのは短い時間でさっとゆでるのがコツ。そこでいわれるのが、「そばは牛の鼻息でゆだる」です。昔の農村の暮らしでは、牛は常に身近なところにいたのでした。牛が一息、くすんと鼻をすする、それほどのわずかの時間でそばはゆだるから、ゆで方に注意しなければいけない、と。ゆで過ぎは禁物、これがそばのゆで方のコツです。

同じように、そばは早くゆだってしまうことを、「そばは三かえり」ということもあります。沸騰する湯の中で三回回転するくらいで、もうゆで上がりとなる――これもゆで過ぎを戒めた教えといえるでしょう。

食のミニ事典

そば

（英）buckwheat
（学）*Fogopyrum esculentum Moench*

タデ科の一年草。食用となる穀物の大部分がイネ科（アマランサスはヒユ科）なのに対して、そばだけがタデ科です。原産地は中国大陸。南西部、雲南省の山地あたりが有力とされています。モンゴル地方からシベリアにまで栽培されているダッタンそば（苦そば）も、ここでは栽培され常食とされています。

そばは大陸から伝えられて、10世紀頃から栽培されていましたが、現在のような“めん”の形になったのは江戸時代です。こねて伸ばしたものを細く切ったので、初めは“そばぎり”と呼びました。それまでは、そばがき（粉をこねたもの）や団子のような形で食べられていたようです。

穀類の中でも良質なタンパク質を含むので、そば湯を飲むのが栄養面では効果的です。ミネラルでは、特に亜鉛を豊富に含んでいます。

栗より旨い十三里
——江戸時代の名キャッチコピー

新しい味で庶民の人気

　江戸時代、たびたびの飢饉のときの救荒作物として普及していくと同時に、サツマイモの味はしだいに人びとに親しまれてきました。初めはふかしいもとして食べられることが多かったようですが、十八世紀の終わり頃になって焼きいもが登場、これが町中で売られるようになりました。今でいうファストフードです。

　サツマイモにはでんぷんが豊富に含まれ、このでんぷんがβ―アミラーゼによって糖化されて甘い麦芽糖に変わります。アミラーゼの作用は――ゆっくりと時間をかけることで十分に働くので、焼くことによって甘味が強まります。

　この時代、庶民にとって甘いものといえば栗（クリ）がありました。そのクリに似て甘くておいしいからと、クリ（九里）に近い味で八里半といわれました。そのうち、甘味はクリを超えるとして、九里より旨いと、より（四里）を足して十三里というようになります。江戸時代にも、今でいうところの名コピーライターがいたことになります。

　一里は昔の距離の単位で約4km。うまい語呂合わせで人びとの印象に残る宣伝をしたことになります。

冬は焼きいも　夏は氷屋

　江戸時代に登場した焼きいも屋は、庶民の暮らしに定着して、明治を経て現代に伝えられています。「おいも、おいも、おいもー」というスピーカーの声は、今でも冬の風物詩といえるでしょう。その焼きいもの屋台は、今では石釜を積んだ軽トラックですが、昔は屋台をひいていました。

　秋に収穫されたサツマイモが、焼きいもとして売られるのは冬。

焼きいも売りは冬の風景です。冬にしかできない商売ということで、焼きいもを扱う商人は夏は氷売りとなります。夏目漱石の『それから』には、この様子が次のように描かれています。「毎年夏の初めに多くの焼きいも屋が俄然《がぜん》として氷水屋に変化する」と。

栄養食品サツマイモ

エネルギー源として役立ってきたほか、サツマイモはビタミンやミネラルの供給源としても価値ある食べ物です。ビタミンCは四訂食品成分表では100㎎当たり30㎎と、ジャガイモの23㎎よりも多かったのですが、五訂食品成分表では、逆にジャガイモが35㎎、サツマイモ29㎎と、ジャガイモの方が多くなっています。それでも、蒸したもので20㎎、焼きいもで23㎎と、調理によるビタミンCの損失が少ないのがサツマイモの特徴です。

レモンやイチゴなどの果物がビタミンCの給源とされていますが、一回に口にする量を比べると、量的にはサツマイモの方が、はるかに摂取量は多いのがふつうです。ジャガイモとともに、サツマイモはビタミンCの給源として、優れた食品といえます。

「酒屋へ三里　豆腐屋へ二里」

人里離れた不便な所の表現として使われたのが、「酒屋へ三里豆腐屋へ二里」です。狂歌の下の句として、このいいまわしがよく使われてきました。そして上の句は「ほととぎす　自由自在に聞く里は」とあり、これに続くのがこの言葉。買い物には、遠くまで行かなければならないということです。

食のミニ事典

サツマイモ（薩摩芋、甘藷）

（英）sweet potato
（学）*Ipomea batatas Poiret*

メキシコから南米大陸北部が原産とされるヒルガオ科の多年草。ヒルガオ科のアサガオとは近縁関係にあるので、花はアサガオに似ています。ただ、温暖な所でしか咲かないので、日本では沖縄で見られるだけとされています。

日本へ渡来したのは17世紀の始め、1615（元和元）年、長崎に伝えられました。長崎渡来から100年ほど後、甘藷先生といわれた青木昆陽が江戸にサツマイモを広めたことはよく知られています。東京・小石川の植物園には、青木昆陽を記念して「甘藷試作跡の碑」があります。

太平洋戦争の最中から戦後、食糧不足の時代には、貴重なエネルギー源として役立ちました。当時もてはやされた収量が多いだけの品種に替わって、今では甘味の強いもの、カロテンの多いものなど、特徴のある各種の品種が出回っています。

芋の煮えたもご存知ない

——古くから親しまれてきたサトイモ

「芋」はいろいろあるけれど

日本の農産物の中でも際立った特徴を持っているのがジャガイモで、なんと全国生産の八割近くが北海道産です。世界全体で、イモ類の中で生産・消費のトップはジャガイモです。南米大陸からヨーロッパに伝えられたのが、コロンブスの遠征以後の十六世紀。ヨーロッパに伝えられたジャガイモは、大航海時代にアジアにまで広がっていきました。日本にはインドネシアのジャワ（ジャガタラ）から伝えられたので、ジャガタライモ、転じてジャガイモと呼ばれるようになりました。

サツマイモも、南米大陸からヨーロッパを経てアジアへ——。そして沖縄から鹿児島（薩摩）へと渡ってきたことから、サツマイモの名が生まれました。

ところで、日本で昔から「芋」といえば、これは里芋（サトイモ）です。東インド原産のサトイモは、古くから親しまれて食用とされてきました。

「芋名月」に名残りをとどめる

陰暦八月十五日の十五夜の月は、芋名月と呼ばれます。サトイモを皮ごとゆでた衣《きぬ》かつぎを十五個供えて月見をする風習があります。衣かつぎは、皮をむいて塩をつけて食べますが、これはもともと、平安時代の身分の高い女性が外出時にまとった衣《ころも》、きぬかずきからきた言葉。料理法の名からみても、サトイモが古くから食べられていたことがわかります。

ことわざの「芋」はサトイモ

実際の食生活では、やや影の薄くなったサトイモも、ことわざの中では健在です。ことわざやいい伝えの言葉に出てくる「芋」は、ほとんどがサトイモです。「芋の煮えたもご存知ない」は、世間知らずで自分で何もできない無能な人、そんな立場や身分を皮肉っていった言葉です。東北地方では、今でも秋の行事のひとつとして〝芋煮会〟をやりますが、サトイモを煮込んだ汁が芋汁。鍋の中のこの汁に引っかけて、「案じるより芋汁」という言葉も生まれました。気をもんで同情するのもよいが、それよりも実質的に一杯の芋汁にありつくように、実をとるのが良いということです。

「芋ばかりは親はいや」

サトイモは親イモについた子イモを食べるわけで、親イモは味は良くありません。そこで、おいしいのは子イモということから、「芋ばかりは親はいや」といわれます。

サトイモはまた、茎の部分（芋幹《いもがら》）も食べることができます。「芋幹は食えるが家柄は食えぬ」といえば、由緒ある家柄を誇ったところで、しょせん、腹の足しにはならない、食べられる芋幹のほうがまし、ということ。「家柄より芋幹」も同じことです。

混雑した海水浴場の形容に使われるのが「芋を洗うよう」。樽に入れてゴロゴロとイモとイモをこすり合わせて洗う洗い方も、今では見られなくなりました。

食のミニ事典

サトイモ（里芋）

（英）taro
（学）*Colocasia esculenta* Schott

インド、インドネシア原産のサトイモ科の多年草。食用とする部分は地下の球茎で、親イモ、子イモ、孫イモがあります。親イモはえぐ味が強く、ふつうは食用になりません。原産地から耐寒性の系統の品種が、中国を経由して日本に伝わり、広く利用されてきました。里芋の名称は、里でつくられるイモからつけられたものです。そのほか、イエイモ、タイモ、ミズイモなど、さまざまの名があります。

主成分は他のイモ類と同様にでんぷんですが、特殊成分としてガラクタン、ペントザンという多種類を含んでいます。特有のぬめりは、ガラクタンがたんぱく質と結合したものによります。

生産は全国で約15万ｔ。トップは千葉で全国の２割強。輸入は中国が中心で、約6,000ｔ。アメリカ、インドネシアからもわずかに輸入されています。

飛ぶ鳥の献立

――早とちりは禁物との教え

「鳥渡る」の季節に

カラスのように、すっかり人間社会に住みついてしまった鳥もありますが、四季折りおりの自然の推移の中で、多くの鳥たちは季節ごとに主役の座を変えていきます。燕（ツバメ）が南へ去っていくと、こんどはシベリア、カムチャッカなど北の地域から、冬鳥と呼ばれる鳥がやってきます。

渡り鳥には夏鳥もありますが、俳句の季語で渡り鳥といえば秋。つまり、冬鳥が訪れることをいいます。遠くからやってくる渡り鳥は、学問上は候鳥《こうちょう》と呼ばれ、日本の国内を季節によって移動する漂鳥と区別されています。「渡り」、「鳥渡る」も秋の季語。この季節の鳥には、千鳥、雁（カリ、ガン）、鴫（シギ）、鴨（カモ）などがあり、昔から歌や物語によく登場してきたのが〝雁〟です。

「飛ぶ鳥の献立」は、空を飛ぶ鳥を眺めて、まだその鳥を捕えたわけではないのに、どうやって食べるかと献立をあれこれ考えるという意味で、早とちりを戒めた言葉です。「捕らぬ狸《たぬき》の皮算用」と同じことです。

ただ、この「飛ぶ鳥の献立」も、多少ひいきめにみれば、食べることの楽しみを肯定的に謳歌しているという点で、憎めないところもあります。〝狸の皮算用〟よりも打算的でないところがいい、ともいえるでしょう。

「鴨が葱を背負って来る」

鳥の中でも美味とされるのがカモ。そのカモの料理の代表的なものが鴨鍋です。鴨鍋に欠かせないのが葱（ネギ）で、カモとネギとが一緒に手に入れば、これに越したことはない、というのが「鴨が葱を背負って来る」――最近は鴨葱《かもねぎ》と縮めていうことが多いようです。

労せずしていい思いをするというところは、「棚から牡丹餅《ぼたもち》」に似ていますが、鴨葱のほうは、ともかく間がいい、ぴったりのチャンスをつかんだ、いい調子が重なった、という意味合いが感じられます。

「酒杯と唇の間は遠い」

飛んでいる鳥は、まず捕えて初めて自分のものになる、要は手元にしっかりと獲物をつかんでおかなくては安心できないのです。しかも、それが本当に口に入る前に、思わぬ妨害が入らないとも限りません。

完全に自分のものにするためには、慎重にことを運ばなければいけない、といったときに使えるのが、「酒杯と唇の間は遠い」です。酒杯に酒が注がれて、目の前に置かれている、その酒杯を唇に近づけようとした瞬間に、例えば大きな地震があったとしたら……。何しろ世の中、「一寸先は闇」で、いつ何が起こるかわからないのです。

「人を謗るは鴨の味」

井戸端会議や赤ちょうちんの話題は、もっぱら人の噂話が中心。それも悪口を肴にして盛り上がることもある——というわけで、結構、そんな話が楽しいのでしょうか。このようなことが互いの関心事となる、人の心の側面をとらえて、それをおいしい食べ物になぞらえたのが、「人を謗《そし》るは鴨の味」です。「人の噂を言うことは鴨の味がする」とも。〃鴨〃が〃雁〃に置き換わることもあります。ここでも、カモが味の良い食品であることが前提となっています。

食のミニ事典

カモ（鴨）

（英）wild duck, mallard
（学）*Anas platyrhnchos*

マガモに代表されるガンカモ科の鳥。ガンと白鳥類を除いて、カモといわれるものには多くの種類があります。ふつうはマガモをはじめ、アヒルとマガモの交配種のアイガモと呼ばれます。東京都心の丸の内のビルの一角の人工池で、1983年以来、アイガモが繁殖して話題を呼びました。アヒルの原種がマガモで、都会に住みついたカルガモは、ほとんどがアヒルとの交雑種といわれます。（川内博：『大都会を生きる野鳥たち』、地人書館、1997）。

鴨肉は鳥の肉の中で最も味が良いとされて、フランス料理、中国料理でも高級な食材とされます。

食品成分表にはアイガモとして収載されていて、アヒル肉よりも脂肪が少なく、鶏肉に比べると、ビタミンB_1、B_2が豊富に含まれています。鴨鍋、そばやうどんの鴨南蛮、焼き物など、広く利用されています。

自分の言葉で語ることで

今から800年も前、中国の南宋の時代の詩人楊萬里《ヨウバンリ》のこんな詩があります（一海知義『漢詩一日一首』から）。

平生畏長夏　平生長夏を畏《おそ》れ
一念願清秋　一念清秋を願う
如何遇秋至　如何《いずく》んぞ秋の至るに遇えば
不喜却成愁　喜ばず却って愁いを成すや

難しい表現がされていますが、要は長引く夏の暑さが嫌になり、早く秋が来るといいなと思っている、けれど秋になったらなったで、また淋しくなるのでは……ということ。

そこで、これを意訳を交えて現代風に訳してみました。

夏は暑いのわかるけど
何とかしてよ　この暑さ
早く暑さが遠のいて
涼しい秋が来てほしい
けれど　その秋来たならば
そのとき　きっと思うこと
秋は愁いの季節とか
心の悩みは　果てしなく
人生哀しさ　つのるかも

ことわざにも、必ずしもそのまま現代に受け入れられないものもあります。それで、今の状況ではこうだと、時代に即して解釈することも大切なことといえるでしょう。その場合にも、自分なりの言葉で語ること、伝える相手に興味深く感じてもらうようにすることが求められます。

冬のことわざ

食のミニ事典

だいこんおろしに医者いらず
——脇役ながら活躍する人気の野菜

健康に良いだいこん

「だいこんおろしに医者いらず」は、だいこんおろしを食べていれば健康で、医者にかかることもないということです。これをずばり〝医者いらず〟といい切ってだいこんの効用を教えています。

「だいこん時の医者のえんま顔」という言葉もあります。これはダイコンの旬の季節には、人はあまり病気にかからなくなる、だから医者に行くこともないので、医者は暇で困ってしまう、そこで〝閻《えん》魔《ま》顔〟（怖い顔）になる、というのです。この反対、人が病気にかかりやすいというのが夏の季節。こちらは「なす時の医者の恵比須《えびす》顔」となります。患者がたくさん来れば、医者も繁盛して笑顔になる、というわけです。

ビタミンCとアミラーゼ

ダイコンは食品成分表によれば94・5％が水分。それほど栄養価の高い食品というわけではありません。ただ、ビタミンCは100g当たり15㎎（葉の四分の一ほど）あり、成分表には記載はないものの、強力なアミラーゼを含んでいます。

このアミラーゼが消化を助け、胃のもたれをなくす上で大事な働きをしています。確かに、たくさんのだいこんおろしを食べると、鉄板焼きや鍋物などでかなりの量を食べても、腹にもたれるということはありません。

ビタミンCは、おろした後の時間がたつと、減少していきます。細かくおろすほど減少は進みます。おろして二十分後には二割減、二時間後には半分になってしまうのが、実験で確かめられています。実際にはそれほど気にしないで、せいぜい多めのだいこんおろしを食べるようにしましょう。

七五三のご馳走にもダイコン

ふろ吹きだいこんのように、ダイコンが主体の料理もないわけではありません。しかし、ダイコンは、おろしなどの添え物的な役割を担うところに特徴があります。おでんでは、卵や練り物があっても、ダイコンがないと、片手落ちの感をまぬがれません。

このことをいった言葉が、「七五三のご馳走《ちそう》もだいこんが出ねば調《ととの》わず」です。ここでいう〝七五三〟は、子どもの成長を祝う秋の行事の七五三ではありません。日本では昔から七・五・三の奇数を好む習慣があり、料理にもこの数が取り入れられました。七・五・三は本膳七菜、二の膳五菜、三の膳三菜を備えた豪華なご馳走のことです。ダイコンがなければ、どのようなご馳走もできない、というのがこの言葉。脇役ながら大切な食材がダイコンです。

中国のだいこん餅

中国では、ダイコンを巧みに生かした食べ物、だいこん餅《もち》が春節（旧正月）の料理として食べられます。北京式、広東式などと、お国自慢のだいこん餅があります。だいこん餅の基本は、ダイコンと上新粉をこねて、焼き上げるものです。このバラエティの豊富さも、ダイコンの何にでもマッチする性質からきています。

食のミニ事典

ダイコン（大根）

（英）japanese radish
（学）*Raphanus sativus*.L.

アブラナ科の代表野菜。栽培の歴史も古く、4000年前のエジプトですでに栽培されていたということです。日本ではオオネと呼ばれていたものが、後にダイコン（大根）と呼ばれるようになりました。

野菜の中で生産量はジャガイモに次いで２位。全国の生産量はおよそ21万トン、主産地は北海道、千葉、宮崎で、北海道が全国の10分の１ほどを占めています。1960年代の始めには30万トンを超える生産量があったものが、食材の多様化、洋風の料理の伸びの中で、やや減少気味です。

三浦大根、聖護院などいろいろの種類が出回っていたダイコンですが、最近では宮重系の青首大根が大半を占めるようになりました。青首大根の増加には、形がそろっていて段ボールに収まりやすい、といった流通上の利点も大きく関係しています。

豆腐も煮えれば締まる
―食べ物にたとえた人生の教え

苦労してこそ人は成長する

豆腐はそのままよりも、加熱すると硬くなります。煮過ぎた豆腐は味は落ちますが、豆腐は煮ると硬くなるということを示したのが、「豆腐も煮えれば締まる」です。〝も〟という副助詞一字で、豆腐も締まるのだから、人も（人間は煮られるわけではないけれど）、苦労を重ねることによって、人間的に幅広くなり、ひと回り大きくなるという教えを示しています。

煮えると豆腐のように硬くなるとは対照的に、野菜は水分を吸収して軟らかくなってきます。そんな状態を示した言葉が、「独活《うど》の煮え太り」です。これも大きくなっただけで役立たずのこと。ウドには気の毒な話です。

「納豆も豆なら豆腐も豆」

豆腐も納豆も大豆の加工品です。大豆はたいへん硬い豆です。これは細胞が束になったような形で、強く結びついているためです。そのままでは消化率が良くない大豆も、納豆菌の酵素によってたんぱく質が分解されたり、つぶして加熱した豆乳に硫酸カルシウムなどの凝固剤を加えて、消化しやすい部分だけを固めた豆腐にすると、消化率は向上します。

こうして作られた納豆と豆腐、どちらももとは大豆。両者の形状はまったく違いますが、同じ原料からできていることを強調したのが、「納豆も豆なら豆腐も豆」。姿形が違っても、もとをただすと一緒だというようなときに使われます。

ついでながら、豆腐の上に納豆を載せた料理は「兄弟豆腐」と呼ばれます。居酒屋メニューでは、しゃれた表記で「兄弟豆富」と、縁起の良い〝富〟の字を書くこともあります。

デリケートな感触なので

豆腐は滑らかな舌ざわりが身上です。特に絹ごし豆腐は、文字通り絹のような〝きめ〟がポイントとなります。その軟らかい豆腐を扱うのに、乱暴に扱ってはいけないとして、「豆腐は包丁の重みで切る」といわれてきました。

昭和前半の時代に活躍した物理学者の中谷宇吉郎さんは、力学の初歩の講義で、学生に「丸ビルと同じ高さの豆腐は作れるか」という質問をしたとのこと。当時、東京・丸の内の八階建ての丸ビルは高いビルの代表とされていました。もちろん仮定の話ですが、底面積を無限に大きくできるとしても、豆腐のように軟らかい組織のものは、底面にかかる重さが大きく、それ自体の重さによって崩れてしまいます。

簡単な計算式によってこのことは証明され、結果的には40～50㎝の高さのものしか作れないとされています。水の中ではこの値はもう少し大きくなる、そこで豆腐を水の中で扱うのが合理的に説明できる、というのです。

昔から身近な食品だった

現在では手近な身辺に見られなくなった道具が出てくることわざは、今では理解しにくいものです。「豆腐に鎹《かすがい》」がまさしくそれ。かすがいは、木材を並べてつなぎ合わせるときに使う金具です。軟らかい豆腐に、こんな金具を使っても効果がないことをいいます。ここでは豆腐は軟らかいものの代表として登場しています。

かすがいは目にされなくなっても、豆腐が健在なのはうれしいことです。

食のミニ事典

豆腐

(英)tofu, soybean curd

豆乳に凝固剤を加えて凝固させた大豆加工品。ふつうには、もめん豆腐と絹ごし豆腐が親しまれています。

もめんと絹といっても別にこの布地が使われるわけではなく、製法の違いです。もめん豆腐は布を敷いた豆腐箱でこしたもの、絹ごし豆腐は濃いめの豆乳全体を凝固剤で固めたものです。

食品成分表には、そのほか沖縄豆腐、充てん豆腐、ソフト豆腐、ゆし豆腐が収載されています。

沖縄豆腐は水分81.8%で硬いのが特徴です。水分は絹ごし豆腐が最も多くて89.4%、そのため軟らかで滑らかな感触があります。

同じように豆腐と名がつけられていても、ごま豆腐はくず粉で固めたもの、卵豆腐は卵のたんぱく質の熱凝固によるもので、形状が豆腐に似ているために豆腐の呼称がつけられたものです。

羹に懲りて膾を吹く

——熱いものがおいしい季節に

「熱いがご馳走」——でも

寒い季節には、特に熱あつの鍋物などが好まれます。おでんなどは熱い状態で口に入ってこそ、おいしさが味わえる。まさしく、「熱いがご馳走《ちそう》」です。

ところで、熱いものをいきなり口に運んで、やけどをしたり、むせて食べたものをのどに詰まらせたりしたら大変です。雑煮を食べるシーズン、餅《もち》がのどに詰まって救急車で運ばれる人は、毎年、相当な数に。数年前に、中国・四国地方を中心に、気道異物事故を調べた調査によると、八百十件、二百五十六人が死亡しています。全国規模の推計では、年間約八千七百人、その三割の二千七百人が死亡していることになるとされています（朝日新聞、平成十二年六月二十五日）。

熱いものを口にしてやけどをした人が、それ以後、熱いものを怖がるようになる——これが「羹《あつもの》に懲《こ》りて膾《なます》を吹く」です。

過度な用心をあざける言葉

羹は野菜や肉を煮込んだ熱い吸物。これでやけどをして懲りた人は、冷たい膾（魚や野菜などの酢の物）を食べるときにも、ふうふうと冷ますしぐさをするということで、前の失敗に懲りて、必要以上に余計な用心をすることをいいます。過度に心配性になっている人、その行為をあざけるときに使われます。膾が〝和え物〟や〝したし物〟に置きかわることもあるようですが、中国の古い書物『楚辞』にあるのが膾で、これが原典となっています。

似た言葉には、「蛇に噛まれて朽縄《くちなわ》に怖《お》じる」というのもあります。確かに人間は恐ろしいことを体験した後は、心理的に警戒心が強くなり、他人には滑稽《こっけい》に見えるようなことでも、本人は真剣になってしまうのでしょう。

羊は大切な食べ物だった

ここで難しい漢字の〝羹〟について見てみましょう。漢字には自然の形をかたどった象形文字のほかに、意味を組み合わせて作った介意文字があります。羊の字は正面から見た羊の姿からできた象形文字ですが、この羊をもとにしていろいろな文字ができています。

美という字は、羊に大が添えられています。これは羊の大きく肥ったものは価値が高い、良いものということから〝うつくしい〟という意味の字となりました。羨（うらやましい）は羊に次（セン、よだれをたらすの意）からできています。おいしいものをうらやむことで、羊は旨いもののシンボルのように扱われています。

栄養の養は羊に食。羊を食べることでからだが養われると考えると、羊の食品としての価値がよくわかるような気がします。羹は羔（こひつじ）と美とから作られている字です。菓子の羊羹《ようかん》も、もとは羊の吸い物のことで、中国での羊肝糕《カンカンゴウ》（羊の肝に似せて作った菓子）の音が羊羹に似ているので、これが日本で〝ようかん〟となったとされています。

見せかけの羊の頭

羊の肉は上等なものとされていたので、羊の頭を店頭にかかげておけば、客は羊肉を売っているものと思う、けれど実際には安価な犬の肉を売る、というのが、「羊頭をかかげて狗肉《くにく》を売る」、略して「羊頭狗肉」です。ここでも羊肉は上等な肉となっています。

食のミニ事典

ヒツジ(羊)

(英)sheep, mutton, lamb
(学)*Ovis aries*(メンヨウ)

ウシ科の哺乳動物で、家畜とされたのは牛よりも古く、8000年以上前から食用や毛皮、羊毛の利用と役立ってきました。日本では羊肉の消費はわずかですが、世界的には重要な肉資源です。性質が柔順で群をなして移動する習性があるので、遊牧民はこれをうまく利用してきました。人類は羊に寄生して生きてきたと言ってもよいほど、牧草だけで生きながら、肉や毛皮を提供してくれる羊は、人間にとって貴重な動物です。

成長した羊の肉がマトン、生後1年以内の肉がラムと呼ばれます。マトンのうち1〜2年のものはイヤリングとして区別されることもあります。肉の脂は融点が高く、冷めると口当たりが良くないので、熱いうちに食べる料理に適しています。シシカバブ、烤羊肉《カオヤンロウ》、ジンギスカン鍋などで、しだいに日本人にも親しまれてきています。

鮟鱇の待ち食い
——ユーモラスな海底の変わり者

調理の後は唇だけ残る

鍋の王者ともされるのが鮟鱇《あんこう》鍋です。〝鮟鱇の七つの道具〟といわれて、肉、えら、肝臓、尾びれ、卵巣、胃袋、皮と、食べられないところはないほどです。

ふつうの魚と違って、からだがたいへん柔らかく、まな板の上に載せて包丁を入れることができません。それで、昔から「鮟鱇の吊るし切り」といわれて、まず口から水を注いで吊るしたまま切り分けます。江戸時代の川柳にも、その様子が描かれています。

鮟鱇は唇ばかり残るなり

肉を切り取った後に残るのは、唇だけだというのです。

待ち伏せて食べる大食漢

このアンコウ、海の中にいるときの餌の食べ方も変わっています。アンコウは海底にじっとしていて、餌の小魚が寄ってくるのを待っています。

そこで、その変わった習性から、「鮟鱇の待ち食い」とか「鮟鱇の餌待ち」といった言葉が生まれました。昔から〝鮟鱇武者〟という言葉が、役に立たない侍を指したのも、アンコウには気の毒ですが、餌を求める積極性が、その習性に見られないからでしょう。

ビタミンAの豊富なあん肝

七つ道具といわれるように、肉以外にも食用として珍重される部分が多いアンコウですが、特に肝臓（あん肝）は、酒の肴にもぴったりの珍味として好まれています。あん肝は〝肝あえ〟といって、ゆでてから酢味噌で食べます。缶詰も市販されています。

魚に限らず、肝臓にはビタミン類が多く含まれますが、あん肝もビタミン、特にAとDが豊富な食品です。食品成分表によると、あん肝はビタミンA（レチノール当量）8300μg、ビタミンD110・0μgを含み、これはウナギの肝の4400μg、3・0μgに比べて、はるかに多いものです。

動植物の名とイメージ

アンコウは魚の中でも一風変わった独特の姿をしていることと、ヌーボーとした振る舞いとから、怠け者のイメージを持たれています。人間社会では先に挙げた〝鮟鱇武者〟のように、良い意味には使われません。立ちんぼでその日の仕事を待っている人のことを、アンコウということもあります。

動植物の性質や見かけの姿かたちによって、人はさまざまのイメージを描きます。それによって名前がつけられることも多く、いったん名前がつけられると、名称によってさらに固定したイメージが増幅していきます。

乾燥した葉が健康茶として利用されているドクダミは、その名称から嫌われる植物となってしまいました。植物名には、イヌフグリ、ブタクサ、ヘクソカズラ、ママコノシリヌグイなどと、気の毒な名前をつけられたものがたくさんあります。怠け者のたとえにされるアンコウですが、食卓においしい味覚を提供してくれる点では、冬に欠かせない貴重な食品です。

食のミニ事典

アンコウ（鮟鱇）

（英）anglerfish, goosefish
（学）*Lophins litulon* (JORDAN)

アンコウ目アンコウ科の魚の総称で、一般にはアンコウとキアンコウを鮟鱇といいます。チョウチンアンコウ、イザリウオなどは同族の魚ですが、食用としての利用価値が低く、別に扱うこともあります。

英語でanglerfishと呼ばれますが、anglerは釣師のことです。釣人が魚は何でも釣り上げるように、何でも食べるので、こう呼ばれるのでしょう。フランス語では、口が大きいことから、“海のヒキガエル”と呼ばれます。

各地にいろいろの種類がいて、日本近海だけでも60種に及ぶといわれます。一般に食用とされるのは、クツアンコウとキアンコウで、関東では茨城県の沖合で獲れるものが、冬の味覚として人気を集めています。

「東のアンコウ西のフグ」といわれるように、冬を代表する食品のひとつです。

河豚は食いたし命は惜しし
――危険と背中合わせの快楽か

〃通〃の心意気は大和魂？

「河豚《ふぐ》は食いたし命は惜しし」は、おいしいフグは食べたい、けれども毒にあたって死ぬのはもちろんいや、といった心の揺れを示した言葉。それほどに、フグの味の魅力は人を引きつけるものなのでしょう。

「源氏物語」の翻訳もある文芸評論家、ミシガン大学のサイデンステッカー教授は、日本人とフグについてこう書いています。「危険と背中合わせになった料理、あるいはそれを自分から求めて食べる料理は、過信した言い方をすると、この場合の〃通〃の心意気は大和魂にもつながってくると思われる」と。

大和魂という言葉は、太平洋戦争の時代、国家主義の教えによって若者たちが、自分の命を犠牲にしても、国と天皇のために殉ずるという考え方をいった言葉。外国人にはカミカゼ（神風）の語とともに、異様なものとして受け取られた、国家主義の時代の日本人独特の精神構造を表したものです。

大和魂とは確かに大げさですが、ともかくも日本人は、まさに危険を覚悟で旨い味を追究してきたのでした。

あたるのはフグだけではない

フグの毒性は確かに恐るべきものですが、何も毒のあるものはフグだけではない、うまいものの代表とされるタイでさえ、傷んでいれば中毒することもある、というのが「河豚にもあたれば鯛《たい》にもあたる」です。

こんなに旨いものを食べない手はない、けれども食べて毒にあたるのもいただけない、といって、どちらも一理あると理解を示した言葉が、「河豚汁を食わぬたわけに食うたわけ」。これもフグの味が良いことをいっているのです。

明治時代に解明されたフグ毒

フグ中毒は古くから知られており、度重なるフグ食禁止令も出されています。明治二十七年には、下関の春帆楼《しゅんぱんろう》という所で、時の総理大臣伊藤博文に、禁制だったフグを出したところ、彼がその味の良さに感心して、その後、下関と門司、山口県と福岡県にフグ料理が解禁されたということです。

フグ毒は明治も終わりに近い明治四十二年（一九〇九年）、東京大学の田原良純博士が、その抽出に成功、テトロドトキシンと名づけられました。この名は、フグに四本の鋭い歯があることにちなんだものです。四の序数のギリシャ語の接頭語がテトラ。そこからテトラオドンという科名がつけられ、これに毒を意味するトキシンがつけられたものです。

現在ではふぐ調理師の制度が設けられて、ふぐ料理は安全なものになりましたが、それでも素人が料理して食べて中毒を起こすケースは時折みられ、厚生労働省の統計を見ると、毎年、数人の死者が出ています。

〝ふぐ〟ではなくて〝ふく〟とも

フグが名産の下関をはじめ西日本では、〝ふぐ〟は〝ふく〟と呼ばれます。これは〝ふぐ〟の音が不遇に通じることから、〝ふく（福）〟として、濁らないようにしたのです。フグは漢字で河豚、鰒、鮐などと書かれます。河豚の文字は中国語をそのまま借りたものです。海にいるのに河の字がつくのは、長江を遡ってきて、かなり上流でも獲れたからです。ちなみに河豚はフグですが、海豚となるとイルカとなります。

食のミニ事典

フグ（河豚）

（英）puffer, globefish
（学）***Fugu rubripes***（トラフグ）

フグ目フグ科の魚の総称としてフグが用いられますが、広く食用とされるのはトラフグ、カラスフグ、ショウサイフグなどです。フグは水中で外敵に出会うと、食道の一部の袋状のところに水を入れて腹を大きく膨らませます。英語のpufferはpuff（膨らむ）からきた名、globeは球ですから、これも形からつけられた名です。

腹を膨らませた姿に作る“ふぐちょうちん”は、背中の一部を切って肉と内臓を全部出してから、水洗いした後、もみ殻を詰めて膨らませ、そのまま乾燥してからもみ殻を出して作られます。

肉は刺身やちり鍋、から揚げなど、ひれはひれ酒として珍重されます。ちり鍋を鉄ちりと呼ぶのは、鉄砲（あたると死ぬということ）の鉄をとった呼び名です。もちろん、ふぐ調理師の調理したものは、心配はありません。

餅食って火に当たる
――ハレの日を演出する食べ物

正月の話題に必ず登場

正月には、雑煮やお節料理が欠かせないものとされてきました。子どもが〝年の数だけの餅《もち》を食べる〟とされたように、暮れの餅搗《つ》きから元日の朝の雑煮と、日本の新年には、餅はなくてはならないものでした。

その餅も、最近では一年中買えることもあって、以前ほどには正月と結びつけることもなくなりましたが、やはり正月には餅が話題となります。毎年、餅を食べた高齢者が餅をのどに詰まらせて死亡するという事故が起こります。亡くなった人の多くは70歳以上のお年寄りということです。高齢化が進行するこれからの時代、一層の注意が必要でしょう。

餅は正月に限らず、ハレの日と呼ばれる特別な行事の日などを演出する食べ物として、昔から親しまれてきました。そこで、餅を題材にした言葉も数多くあります。

〝手順は順序よく〟の教え

硬くなった餅は、まず焼くことから始まります。古くは餅あみを火鉢の上に載せて、そこで餅を焼きました。当然、炭火の火加減を見た上で、注意深く餅の焼き上がるのを待ったわけです。

「餅食って火に当たる」となると、本来の順序をたどっていないということで、手順が逆なことをいいます。餅は火に当たりながら焼くものだったので、これが逆になってはだめ、ということです。このいいまわしも、餅の扱い方が変わってきた現在では、ちょっとわかりにくいかもしれません。

物事は手順が大切、という同じようなことをいった言葉に、「食事の後のからし」というのがあります。食事の時に必要なからしを、食後に手にしてもしょうがない、ということです。「夜食過ぎての牡丹《ぼた》餅」も同じこと。タイミングがずれた場合に使います。隣から牡丹餅が届いたけれど、もう夜食も終わってしまった、もっと早く届けてくれれば、との思いを示した言葉です。

「餅は餅屋」―プロ業をほめる

今では暮れに自分のところで餅搗きをする家は少なくなりました。餅搗きをするとしても、子ども会などの地域の集まりの行事として行うといったように、それは家庭から離れたところで行うものとされています。古くは農村はもちろん、都会でも家庭での餅搗きは広く行われていました。

そんな時代でも、専門に餅を作る業者がいて、正月や祭りの日などの餅をたくさん作っていたのでしょう。その餅屋の搗いた餅はさすがによくできている、ということをいったのが、「餅は餅屋」。「餅屋は餅屋」ということもあります。一年中、いつでも買える便利な包装餅。冷凍しておくと、急場の利用に役立ちます。包装餅の開発は文字通り「餅屋は餅屋」ですが、この言葉、餅に限らず専門家をほめたり評価したりするときによく使われます。

ハレの日の食事が消えていく

包装された餅が一年中買える、そば店のメニューには力うどんがある、といったように、餅も、現在では日常的な食べ物になっています。ごちそうの日常化現象は結構なことかもしれませんが、その分、その時しか食べられない特定の食べ物を待ちわびる心や、それへの愛着や食べた時の感動はなくなっていくようです。

食のミニ事典

もち(餅)

(英)glutinous rice cake

もち米を水に浸してから蒸し、臼に入れてつき、粘りを出して成型したもの。日本での餅はこう定義されます。正月や各種の行事の折、祝い事のシンボルとして古くから食べられてきました。地方によって餅の形は違っていて、東日本は四角く切ったもの、関西では丸く成型したものが食べられます。

日本の餅は原料はもち米ですが、同じ“餅”の字を書いても、中国ではこれは小麦粉製品を指します。月見の宴の菓子である月餅《げっぺい》(中国語ではユエピン)は、中身は餡《あん》で回りは小麦粉からできています。朝鮮半島では同様にうるち米を粉にしたものをこねて蒸しますが、これはトックと呼ばれます。餅も“所変われば品変わる”で、さまざま。「餅食って火に当たる」も、万国共通というわけにはいきません――。

ごまめでも尾頭つき
——役に立つ身近な小魚

全部を食べるところに価値が

ごまめはカタクチイワシの稚魚を干したもの。漢字では鱓と書きます。これを煎ってから、しょうゆと砂糖の甘辛い煮汁をからめた料理が照りごまめ。照りごまめを単にごまめと呼ぶこともあります。

大きな魚では切身として筋肉部分だけを食べるのに対して、小魚では頭も骨も全部を食べるので、栄養的には大変優れた食べ物です。カルシウムの給源としても役立ちます。

周囲を海に囲まれた日本では、昔から魚は大切な食料でした。まな板の語源は、真菜《まな》を切る板からきています。〝菜〟はおかずを示す言葉です。〝真〟は優れたものを示す言葉、つまり、魚が真菜で、魚を料理する板という意味から、まな板という言葉が生まれました。

その魚料理の中で、特に上等なものとされるのが、タイを丸ごと食卓に盛りつけるもので、尾頭《おかしら》つきといわれます。

ごまめはタイに比べれば、姿かたちは決して立派なものではありません。何より大きさは比較にならないくらい小さい。けれど、たとえ小さくても、頭も尾もついているということから、「ごまめでも尾頭つき」という言葉ができました。

悔しい思いを表す言葉に

弱い者が力の強い大きな権力などに立ち向かい、それに対抗できずに悔しがることを、「ごまめの歯ぎしり」といいます。どんなに悔しがっても、どだい無理な話、といったときに使われます。

似た表現に「石亀の地団駄《じだんだ》」がありますが、こちらは本来は「雁《かり》が飛べば石亀が地団駄」が略されたもの。地団駄は、悔しがって足で地面を踏みつける動作のことで、亀は空を飛べるわけはないのに、雁のように飛べないのを悔しがるのはおかしい、ということです。

いずれにしても、ごまめは無力な者の代名詞のように使われます。「ごまめのとと交り」とは、つまらぬ者、非力な者が、不相応に優れた人たちの仲間に入っていることをいいます。

〝とと〟は魚の幼児言葉で、一人前とは見なされないごまめが、ふつうの魚と対当に付き合うという意味。「雑魚《ざこ》のとと交り」ともいわれます。

相互の比較が面白い

なにかにつけて弱者の扱いを受けるごまめですが、これは、それだけ日頃の暮らしに馴染みのある食材として、ごく身近な存在だったことの証しといえるでしょう。

ことわざの本来の教えるところは、字義通りの、そのいいまわし通りの意味だけではありません。身近のさまざまの材料や道具などを通して、人生の機微や人間同士の付き合い方、人の心の持ちようなどを示したところに、その本質があるといえるのです。

その点から、タイなどの立派な容姿の魚と、常に対照的な位置に置かれるごまめは、庶民の生活に根を下ろしたものだったことがわかります。食品に限ってみても、このように数ある食品の中から、上位のもの、下位のもの、高い評価が得られるもの、手近で安価なものとを区分して、それぞれの性格を的確に表現して、それなりの人生の教訓をつくりだしたところに、昔の人の知恵の深さを感じます。

食のミニ事典

ごまめ(鱓)・田作り

(英)dried small anchovies

お節料理に欠かせない一品が田作りです。カタクチイワシの稚魚は、田んぼの肥料にもされたことから、田作りともいわれてきました。ごまめの音《おん》は、魚体が小さいのに因んだ細群《こまむれ》、あるいは御真実《ごまめ》からきたとされています。田作りの役割と関係して、五万米の字が当てられることもあります。

カタクチイワシは、煮干し、たたみいわしとしても利用され、広く親しまれています。南米ペルー沖合で大量に獲れるアンチョビーもこの仲間です。みりん干し、目刺し、煮干しと、利用の範囲は広く、食卓に欠かせない食材です。正月のおせち料理に田作りが添えられるのは、農業が主体だった時代に、新年に当たって豊作を祈ったことからきた習慣と考えられます。100ｇ当たり、カルシウム2,500㎎、亜鉛、ビタミンB_6、B_{12}なども多い栄養食品です。

冷や酒と親の意見はあとから効く
——酒をめぐる言葉いろいろ

毒にも薬にもなる飲み物

酒をテーマとしたことわざ、いい伝え、川柳などは数えきれないほどあります。酒の良さ、効用といったプラス面を表すものには、「酒は百薬の長」がよく知られています。逆にマイナス面、酒の害を示す言葉には、「一杯の酒に国傾く」や「酒は気違い水」など。同じものなのに、かたや薬といい、かたや人を狂わせる飲み物というのは、要するにどちらも正しいということで、人生、マルとバツで区分できるものではないのです。

もっとも、どちらかというとプラス面を示すものが多いのは、肯定的な立場からの発信が多いということでしょうか。

冷や酒は口当たりがいいので

「酒は憂いをはらう玉箒《たまははき》」は、まさしく酒が心を安らげる効果を持つことをいっています。玉箒は昔正月に、カイコを飼育していた部屋（蚕室）を掃除するのに使ったほうきのこと。玉箒は、転じて酒の異称ともされています。

「冷や酒と親の意見はあとから効く」は、短い言葉の中に巧みな表現で人生の知恵を教えています。最近では酒造技術の進歩から、冷やで飲める（飲むのがおいしい）日本酒がたくさん出回っています。昔は日本酒はお燗《かん》をするのがふつうでしたが、それでも簡便な飲み方として、冷やで飲むことも行われていました。花見のときなどに、一升びん持参で車座で飲む場合には、冷や酒がつきものでした。その冷や酒、口当たりがいいので、つい飲み過ぎてしまいます。それで、あとから効いてくる…。

一方で、親が子どもにいろいろと意見（あるいは文句）を言うことがありますが、そのときには子どもは受けつけないことが多い——

―聞き流していたその親の言葉が、独立して社会に出て人にもまれたり、長じて自分が親になったりすると、何やら身に染みてわかってくる。時間がたって効いてくるという点で、それは冷や酒と同じだということです。

お酌の相手しだいで

酒に関することわざには、酒そのものが出てくるものよりも、飲み方、飲む雰囲気などに関係するものが多いように思います。

「亭主三杯客一杯」は、客をもてなしながら、実はその家のあるじが余計に飲んでいるという図です。客人をだしにして本人が飲むというのはよくあること。これに対し、酒好きの客が、もう帰ると言いながら、もう少しと言って飲んでいるのが、「いやいや三杯また三杯」です。

ひとりで淋しく飲むよりも、お酌をしてくれる相手がいて飲んだほうが楽しい、雰囲気で、いつもよりたくさん飲める、といったのが「手酌五合髱《たぼ》一升」です。髱は日本髪の髪型の部分をいう用語で、襟足の脇に丸く出た所のこと、転じて女性のことをいうようになりました。女性のお酌で飲むと、五合の手酌で飲んでいたのが、気分良く飲むために一升飲める――つまり、雰囲気しだいで飲める量も変わるというわけです。

食のミニ事典

酒

(英)alcoholic drink

日本語で酒というとき、広義にはアルコール飲料(酒税法では１%以上のエチルアルコールを含む飲料)を、狭義には日本酒をいいます。酒類といえば、ウイスキー、ビール、ワインなどのアルコール飲料すべてが含まれます。

漢字の「酒」という字は漢和事典では「氵」(さんずい)の３画ではなく、「酉」(ひよみのとり)の７画となっています。酉は元来、酒を醸造する瓶をかたどった象形文字で、酉がつく文字は酒に関係があります。酔は酉に卆(終える)で、酒を飲み終えた状態の「酔う」を表します。酣は“たけなわ”で、これは酒宴が盛り上がった様子(甘は好ましい、良い状態を示す)をいいます。今では季節の最盛期、盛りを示すものとして、秋酣のように使われます。文字ひとつからも、酒の文化のさまざまのことがわかります。

自慢　高慢　酒の燗
——物事はほどほどにの教え

何事も度が過ぎると

寒い季節には、昔から熱燗《あつかん》の酒が好まれてきました。熱燗は俳句では冬の季語とされています。日本酒は温めて飲む数少ない酒のひとつで、近頃では冷酒が幅を効かせてきましたが、寒い季節、熱燗にも根強い人気があります。

「自慢　高慢　酒の燗」は、自慢話や自分の地位や能力を鼻にかけたように吹聴するのは、度が過ぎると鼻持ちならない、それと同じように酒の燗もほどほどが良い、ということをいった言葉です。

「酒の燗は人肌」といわれ、これはやや低めの〝ぬる燗〟（40℃ぐらい）。もう少し高い温度が〝上燗〟（50℃ぐらい）で、その上が〝熱燗〟（55℃～60℃）です。熱燗もあまり熱いのはアルコール分も蒸発してしまい味も落ちるので、酒の燗も適温に留意しなければいけないとしたのが、この言葉です。

〝かん〟という音による語呂合わせで調子良い語感としたところがミソです。このように、語呂の良さを強調したり、対句のようにして覚えやすく表現したりすることは、この種のことわざにはよくみられます。

「酒は燗　肴は刺身　酌は髱」

酒を燗酒とする風習は、日本酒の酒造技術が現在のように進んでいなかった時代には、フーゼル油のような不純物を除去しておいしく飲むためには、欠かせないものだったのでしょう。

「酒は燗　肴は刺身　酌は髱《たぼ》」は、望ましい酒の飲み方を、ズバリと端的に示した言葉です。髱は日本髪を結ったとき横に張り出した部分のこと、転じて女性を指します。酒を飲むのは、燗をした酒を、刺身を肴として飲み、お酌をしてくれるのは素敵な女性が良い、といった男の願望を短い表現で表しています。

最近では冷酒の普及で、以前ほどには熱燗に寒い季節を感じる風情がなくなってきています。また、健康上の注意事項として、熱い刺激物を避けるようにもいわれます。生活の中に季節感が希薄になっていく風潮は、酒の世界にも表れているようです。

プラス面とマイナス面の用語

酒を飲んでも、乱れずに楽しい話題が次つぎに出る、あるいは「李白酒一斗詩百遍」といわれた李白のように、詩心を持った人物――中国語ではこれを海量《ハイリャン》といいます。海量がほめ言葉であるのに対し、日本語でいういわゆる酔っぱらい、良くない酒飲みは酒鬼《ジュウグイ》です。文字の国中国の面白い表現といえます。

バッカス神の功罪

酒の讃歌を歌い上げる言葉が多い中で、たいへん皮肉で風刺に富んでいるのが、「バッカスはネプチューンよりも多くの人を溺死させた」です。これはイタリアの政治家ガリバルディの言葉で、世の中、酒をめぐって失敗したものが多いとの警告です。バッカス（ディオニュソス）は、大地の豊穣《ほうじょう》を司る神で、ブドウ栽培にちなんで酒の神とされました。ネプチューンはローマ神話の海神で、昔、海が荒れて船が沈み、多くの人が溺死していったのは、ネプチューンの怒りに触れたためとされていました。そのネプチューンよりも、酒の神バッカスは多くの人を溺れさせているというのです。酒の功罪の一面を見事に示した言葉です。

食のミニ事典

日本酒・清酒

（英）sake

日本語では酒というと、広くアルコール飲料全体を示す場合と、日本酒（清酒）を示す場合とがあります。中国でも酒の字を使い、日本同様に酒類を示し、“気違い水”の意味では、俗語として猫尿（マオニャオ）という言い方もあります。英語では（alcoholic）drink。drinkは酒を飲むという意味にもなります。

日本酒は原料の米をこうじで糖化させて醪《もろみ》として、これを酵母によってアルコール発酵させたものです。糖化と発酵を並行して行うため、醸造酒としてはほかにない高含量のアルコール濃度が得られます。燗をして飲む飲み方も日本酒独特のものです。

品質表示基準によって、普通酒と特定名称酒（純米酒、本醸造酒、吟醸酒）とに区分されています。吟醸酒では吟醸香という香りを生かすために燗はせず、いくらか冷やして味わいます。

一合雑炊、二合粥、三合飯に四合鮨、五合餅なら誰でも食う

——節約と保健の粥の効用

食料分配の権利〃しゃもじ権〃

飽食の時代といわれる現代と違って、昔は自分のところで作物を作っている農家でも、収穫した後の一年分の食料を、どのように食いつないでいくかということに、いろいろと知恵をしぼりました。

祭の日や祝いの行事に赤飯を炊くのも、赤い色がめでたいということのほかに、限られた小豆を少しずつ使っていくという、底をつかないように確保していくための手段でもありました。〃食いのばしの知恵〃ともいえる食べ方が、行事のしきたりと結びついて定着していたのです。

この食料の分配の実権は、農村では主婦、つまり大家族でのおばあちゃんが握っていました。それは一家を支える大切な仕事でもありました。女性の地位が低かった社会の中で、この食料分配の権利が与えられていたことは、生きがいであり誇りでもあったのでしょう。これは〃しゃもじ権〃と呼ばれていました。息子が嫁をもらっても、姑はその権利を簡単に嫁に渡すということはなかったようです。佐渡の民謡に、「添うて八年子のある仲だ　嫁に杓子《しゃくし》をわたしゃんせ」「年が寄ろうと耄碌《もうろく》しよと　嫁に杓子はわたしゃせぬ」というのがあります。嫁、姑、それぞれの立場が歌われています。

料理法でこんなに違う米の量

限られた分量を少しでも長く保つように食べるためには、食べたい分をどんどん食べてしまっては、たちまち無くなってしまいます。一定量の米をどのように食べれば合理的かを教えた言葉に、「一合雑炊、二合粥《がゆ》、三合飯に四

合鮨《すし》、五合餅《もち》なら誰でも食う」というのがあります。雑炊にして、ダイコンの葉やイモなどを入れるのが一番米を節約できる、米だけの粥ならもう少し米を食べた気がする。十分に米があれば米飯として炊く、余裕があればすしや餅にする、というのです。「……五合牡丹餅《ぼた》、六合団子、一時そば」と続けることもあります。六合も使えて団子が作れれば一番良い、またちょっとした腹の足しにはそばが役立つ、ということでしょう。

健康食としての粥

一合しか米がなければ、雑炊にして何とか食いつなごうというこの言葉、度重なる飢饉に苦しめられた江戸時代にいわれた言葉と思われますが、そんなに古い昔ではない昭和の戦争の時代にも、雑炊は飢えを満たす食べ物として、庶民の暮らしを支えていました。これで食料不足の時代を、なんとかしのいだのでした。

米の節減の意味もあった粥ですが、病人の食事には全粥、五分粥などと水分を変えて胃への負担を軽くする知恵が働いています。また、常食としても、例えば中国での朝食では、粥は欠かせない食べ物です。北京の屋台の朝食には、さっぱりした白粥の中に小麦粉をこねて油で揚げた油条《ヨウティヤオ》をつけて食べているのがよく見られます。朝鮮半島でも、粥は常食として親しまれています。韓国・朝鮮料理では、ふるいでこしたおもゆのような粥（米飲・ミウム）、はと麦などの粉から作る粥（ウンイ）もあります。日本でも、腹にもたれない粥や雑炊専門の食堂も登場、粥の効用が新たに注目されてきました。

食のミニ事典

ななくさがゆ(七草粥)

(英)rice gruel（かゆ）

正月7日、七種類の菜を入れた粥を食べる風習で、もとは中国大陸から伝えられたものです。平安時代から行われている伝統行事ですが、地方・時代によっていろいろと違っています。現在、七草といわれるのは、セリ、ナズナ、ゴギョウ、ハコベ、ホトケノザ、スズナ(カブ)、スズシロ(ダイコン)。最近では「七草粥セット」としてスーパーなどにも売られています。

七草粥は、正月にお節料理をたくさん食べた後、さっぱりとしたものを食べて腹の調子を整えること、冬期に不足しがちなビタミンCなどの栄養素を摂取することの意味があります。ペンペングサとも呼ばれる、食品としては馴染みのないナズナも、食品成分表には収載されています。ビタミンCは100g当たり110mg、ホウレンソウの3倍も含まれます。

男伊達より小鍋立て
——鍋物と欠かせない食材・白菜

徳川家康は白菜が好きだった?

「徳川家康は鍋物が大好きで、特に白菜《はくさい》が大好物だった。さて、正解は次のどれでしょう」
①ホント、②白菜が好きだったのは三代将軍家光、③家康は白菜を食べなかった

　正解は③。鍋物は古くからあった料理ですが、食材としてのハクサイが食卓に登場するのは、ずっと後の明治時代になってからです。

　今でこそ鍋物に欠かせない野菜として、どんな鍋物もこれがなければ成り立たないといえるほど、ハクサイは脇役ながら大切な食材です。しかし、ハクサイの歴史はそんなに古いものではなく、一八七五年(明治八年)、東京の博覧会に中国(当時の清国)から輸入されたものが三株展示され、その後、愛知県試験所で栽培されたのが始まりとされています。和風のイメージが強いものの、野菜としては比較的新しいものなのです。

面目にこだわるより実質的に

　ハクサイはこのように、たかだかこの百年ほどの間に普及した野菜ですが、このハクサイの活躍の舞台が鍋物です。鍋物は略して、ただ「鍋」ともいわれます。鍋に関することわざでは、「割れ鍋に閉じ蓋」とか、「手鍋下げても」とか、いろいろありますが、面白いのが「男伊達《だて》より小鍋立て」。伊達は一説に〝立つ〟からきた言葉で、人目につくようにとの意味から、派手なしぐさとか、しゃれた振る舞いなどを示す言葉です。〝見栄を張る〟との意味もあります。

　そこで、この言葉、見栄を張って面目にこだわるよりも、実生活を着実に送ることが何より大切、ということをいったもの、との意

味にもなるでしょう。〝小鍋立て〟の音が、伊達をもじって、調子の良いリズムとなっています。〝鍋を立てる〟は鍋物を煮立てる、食べるの意味。

「大鍋の底は撫でても三杯」

少人数の家庭での〝小鍋〟とはかけ離れて、炊き出しなどでは大鍋で何百人分かの量を作ることがあります。何トンという大量の材料を煮込む、いも煮会は、秋の話題としてテレビや新聞で取り上げられています。もちろん、給食の調理でも規模は大きなものになります。

大鍋で作る料理、底をついたように見えても、杓子で撫《な》でるようにすると、まだ三杯分ぐらいの汁は残っている——。そんな様子が「大鍋の底は撫でても三杯」。教訓的に解釈すれば、大量の処理では余分と思われるところの無駄も大きいから、ここにも気をつけなければいけない、ということになるでしょう。

似たような言葉に、「一升徳利、転《こ》けても三分」というのがあります。ふつう、酒を入れる徳利は一合か二合。これが一升（1・8ℓ）となると、転けてこぼれても、まだかなり残っているということで、もとが大きければ何かにつけて余裕があることをいった言葉です。

食のミニ事典

ハクサイ（白菜）

（英）nappa cabbage
（学）*Brassica Pekinensis Rupr.*

英語でChinese cabbageといわれていましたが、中国産のキャベツとされてしまうので、日本語からきたnappaが使われるようになりました。Chinese mushroomといわれたシイタケが、日本語のsiitakeで通用するようになったのと似ています。

アブラナ科の1、2年草で、中国原産。結球、半結球、不結球の3種類があり、中心は結球のタイプです。原始型や野生種が知られていないということは、中国大陸で早くから改良が進んでいたことになります。日本で普及し始めたのは、明治時代、日清・日露の戦争で、大陸に渡った人たちが持ち帰ってからです。

日本、韓国、中国の北東部が主産地。日本での主要な生産県は、茨城県と兵庫県。11月から1月が出回り時期ですが、チルド輸送や、晩生種の開発で、1年中食べられるようになりました。

寒鰤　寒鯔　寒鰈
——脂がのっておいしい季節

季節によって変わる魚の味

　肉と違って魚は季節によって成分も変動します。いわゆる〝脂がのった〟状態は、十分に餌を食べて脂肪が増え、逆に水分は少なくなっています。秋の戻り鰹《がつお》は初鰹の12倍もの脂質が含まれます。多くの魚が、春の産卵に備えて、冬には脂がのってきます。小寒の寒の入りから、大寒を経て立春を迎える寒明けまでが、一年中で寒さが最も厳しい時期で、寒、寒中、寒の内などといわれます。

　この寒の頃、味が良くなる魚に、鰤（ブリ）、鯔（ボラ）、鰈（カレイ）があります。そこで、この三つの魚を並べて、語感の調子も良く、「寒鰤　寒鯔　寒鰈」ということがいわれます。

「鰤は北風が吹いて後にくる」

　正月や大晦日に食べる魚として、関東から東北、北海道ではサケ、北陸地方や関西ではブリが多いとされています。日本海沿岸の能登や越中、佐渡では、特に寒ブリは大切な食材です。この地方では「寒鰤一本米一俵」ともいわれるほど、ブリは冬の味覚の王者とされ、寒さの中で、シベリヤからの冷たい季節風が吹き、雷が鳴って海が荒れたときに獲れたブリがおいしいといわれてきました。「鰤は北風が吹いて後《あと》に来る」という言葉は、このことを示しています。

　現在のように誕生日が来て、そこでひとつ年を取るという数え方が行われる以前には、一年が終わり、新しい年を迎えることでだれもが、一様にひとつ年を取るものとされていました。そこで、大晦日は「年取」と呼ばれました。このとき食べる魚が「年取魚《としとりざかな》」です。魚料理には白ワインといわれる中で、脂ののった冬のブリの照り焼きなどは赤ワインが合うとされます。

名前が変わる出世魚

魚には成長の段階に応じて呼び名が変わるものがあり、出世魚と呼ばれます。それぞれの名は地方によっても異なり、ブリは東京では小さいものをワカシ、40cmほどになったものをイナダ、さらに大きくなってワラサ、50cm以上となってブリと呼びます。関西では、小さいものからツバス、ハマチ、メジロ、ブリと呼びますが、最近では、ハマチという呼び名が、ブリの幼魚をいうようになっています。

ボラも代表的な出世魚で、2～3cmの小さなものはハク、10cmぐらいまでがオボコ、イナッコ、スバシリ、20～30cmがイナ、30～40cmとなってボラ、50cm以上の大きさのものがトドと呼ばれます。「とどのつまり」、要するにとか結局は、という意味のこの言葉は、ボラが成長して、これ以上は大きくならないというところから生まれた言葉です。

高価な珍味からすみ

世界の三大珍味というと、キャビア、フォアグラ、トリュフとされていますが、江戸時代、天下の三名珍とされたのが、長崎のからすみ、越前のウニ、三河のこのわたでした。からすみはボラの卵巣の加工品。秋に獲れたボラの卵巣を塩漬けにして乾燥したものです。薄皮をむいてあぶって、酒の肴とします。からすみの名は、中国産の上等な墨《すみ》を唐墨と呼んだことから、この唐墨に形が似ているためにつけられました。

食のミニ事典

ブリ（鰤）

（英）yellowtail
（学）*Amberjack Serio la, quinqueradiata*

スズキ目アジ科、ブリ属の海魚。日本では古くから親しまれてきた魚で、近縁種にヒラマサ、カンパチがあります。体側の中央にかけて黄色い部分（側線）があるので、英語ではyellowtailと呼ばれます。全長が１mを超すまで大きくなりますが、成長につれて呼び名が変わる出世魚として、縁起のよい魚とされています。

寒ブリは、暖流に乗って北上したブリが、北海道付近からUターンして南下してきたもので、十分に餌を食べているために脂がのった状態となるわけです。刺身、すし種、塩焼き、照り焼き、みそ漬け、鍋物、あら煮と、いろいろな料理法があり、特に西日本では冬の味覚の王者とされています。かぶと麹を合わせて発酵させたかぶら寿司は、石川県の名産品、塩ブリも正月用食材として欠かせないものです。

東京みやげに海苔がきた

——海藻の文化と言葉の洒落

二月六日は「海苔の日」

　いろいろな食品について、その消費拡大や商品知識の普及を目的として、「○○の日」というものがつくられています。二月十四日はバレンタインデーですが、これは本来は三世紀半ば、殉教死したローマの司祭聖バレンタインの記念日。昔、この日に女性が男性に贈り物をする風習があったということで、チョコレート業界が、一九五〇年代の終わり頃に、チョコレートをプレゼントするようにとキャンペーンを行い、それが定着していきました。業界では、この日を「チョコレートの日」としています。「○○の日」には、このように何かの歴史的な事実やいい伝えを根拠にしたものと、数字の語呂合わせによってつくられたものとがあります。

　二月六日は海苔《のり》の日。これは一九六七年（昭和四十二年）に、全国海苔貝類漁業協同組合連合会が、海苔の普及と消費拡大のために定めたものです。

千三百年前の法律を根拠に

　二月六日が海苔の日となったのは、千三百年もの昔、八世紀初頭の七〇二年、大宝二年に施行された法律「大宝律令」の中に、年貢として納めるものとして海苔が挙げられていることによっています。大宝律令は、唐の法律をモデルとして作られた大部の法律で、のちに養老法令ができるまで、約五十年間施行されていました。

　この大宝律令が施行されたのが、七〇二年の二月六日ということから、この日が海苔の日とされました。折しも、ちょうど冬のこの季節に、海苔の加工が盛んになることも関係しています。

　大宝律令に記された調《みつぎ》といわれる上納品の中の海藻には、海苔

（ムラサキノリ）のほかに、コルモハ、ニギメ、ミル、アラメ、マナカシ、カジメ、雑海藻と、合計八種類があります。

東京名物の海苔

今では埋め立てと開発で生産が減少した東京湾の海苔ですが、かつては東京の特産物として名が知られていました。アサクサノリの名が今でも残っているのは、江戸時代、浅草が隅田川河口に近い港として栄え、のちに浅草で売られる海苔がこう呼ばれたことによっています。浅草とともに、品川宿で売られた海苔も東京の名産品とされました。海苔が東京名物だった時代を、「東京みやげに海苔がきた」という言葉に見ることができます。

海苔は最古の歴史を持つ出雲海苔をはじめ、瀬戸内海、伊勢湾、三河湾、松島湾など、各地で生産されていますが、江戸から東京へ、そして東京の発展とともに、東京名物のひとつに数えられるようになりました。

言葉遊び―〝乗り〟がきた

「東京みやげに海苔がきた」は、字義通りの〝みやげに海苔をもらった〟ということではありません。海苔を〝乗り〟にかけた言葉。〝乗り〟は能のリズム感のある状態をいう言葉ですが、現在では、物事の調子が乗ってきた、調子が良くなってきた、といった意味が込められて使われています。「その手は桑名の焼き蛤《はまぐり》」とか、「恐れ入谷《いりや》の鬼子母神《きしもじん》」といった言葉と同じ洒落《しゃれ》です。コンブが祝事に使われるのも、〝よろこぶ〟に通じるということによっています。

食のミニ事典

ノリ（海苔）・アマノリ

（英）（purple）laver, nori
（学）*Porphyra*（アマノリ属）

ひと口にノリといっても、アマノリ、アサクサノリ、スサビノリ、ウップルイノリなど、いくつもの種類があります。紅藻類・ウシケノリ科アマノリ属の海藻。江戸時代に海中にひび（篊）と呼ばれる棒を立てて、ここに胞子をつけて成長させる方法が確立され、各地で広く養殖されています。

日本での消費量は年間およそ100億枚。業務用が半分以上を占めています。総務庁の家計調査でみると、一世帯当たりの購入金額は、平均3,000円代、“東京みやげ”とされる東京は上位で約5,000円となっています。

朝鮮半島でも海苔はよく食べられます。ごま油を塗って焼いて食べる韓国風の食べ方が、最近、日本でも好まれています。

旅館の定番の朝食の味付海苔、寿司のほか、最近ではコンビニのおにぎりが海苔の需要を支えています。

鱈汁と雪道はあとがよい
――鍋料理のおいしさを教える

雪が降る季節においしい魚

鱈（タラ）は冬がおいしい季節です。魚偏に雪と書いてできた鱈の字は、国字といって日本で作られた字で、雪が降る頃に味が良いことからできた文字です。

タラをはじめ、いろいろの野菜を煮込んだ鱈汁、これは時間をかけて煮込むほど味が出ます。

雪の多い地方では、除雪車などなかった昔、わらで作った〝かんじき〟をつけて雪を踏み固めて、歩く道を作りました。それで人の歩いたあとを歩くのが楽だ、ということになります。

鱈汁も同じように、煮込んだ後のほうが、おいしくて味が良い。この二つを並べたのが「鱈汁と雪道はあとがよい」です。タラに限らず、フグなどでも、ふぐちりの最後の汁にご飯を入れたふぐ雑炊が、いちばん良い味だ、とはよくいわれることです。鱈汁が納豆汁に置き換わることもありますが、いずれにしてもこの言葉、厳しい冬を生き抜く雪国の人たちの生み出した言葉です。

煮込むといい味が出る

なぜ鱈汁はあとが良いのか――。

それは時間をかけて加熱することで、魚の成分であるエキス分が十分に汁に溶け出してくる。この旨味が野菜や豆腐にも染み込み、材料同士の味の交流も進み、複雑な味が出てくるからです。

さつま揚げやつみれなどの脂肪の多いものを材料の一部に入れて煮込む場合には、加熱していく段階で溶け出した脂肪は、脂肪球がしだいに小さく分割されていきます。魚の成分のたんぱく質コラーゲンが加熱によってゼラチンとなって溶け出し、これが乳化の役割をして脂肪球を汁の中に分散させます。煮込んだ汁の口当たりが良くなるのはこのためです。

作りながら食べることの楽しさ

鍋料理の人気は、いろいろの材料が加わることや味の良さもさることながら、作りながら食べるところにあるといえるでしょう。

ちょっと自分で手を加えることで、人はいわば創造の喜びを味わうことになります。そば店のメニューのごまそばで、小さなすり鉢にごまを入れて出し、客がそれをすって自分でつけ汁に加える、というところがあります。これも簡単なことながら、自分で作っている気分になるところがミソです。

「鯛もひとりは旨からず」

鍋料理のもうひとつの魅力は、何人かでひとつの鍋を囲んで食べることです。たいていは大鍋の中の食材を、それぞれが好きなだけ取って食べます。食べる量がコントロールできること、さらにはひとつの鍋料理を共有のものとして食べるところに、盛りつけられたほかの料理とは違った特徴があるといえます。

魚の中でも上等な魚とされるタイですら、ひとりで食べたのではおいしくない、やはり食事は人と一緒に食べるのが良い、ということをいった言葉が「鯛《たい》もひとりは旨からず」。

食のミニ事典

タラ（鱈・大口魚）

（英）codfish
（学）*Cudus macrocephulus*（マダラ）

タラとよばれる魚には、ふつうマダラ、スケソウダラ、コマイがあります。漁獲量の多いのはスケソウダラ。20年ほど前には300万tを超す水揚げがあり、これは日本の漁獲量全体の３分の１以上にもなっていました。これも、今では当時の10分の１ほどに減っています。スケソウダラは、主に冷凍すり身にされて、さつま揚げなどの練製品として食べられています。

たんにタラといえば、マダラのことです。タラはどん欲な魚で、なんでも食べるので大口魚ともいいます。たらふく食べる、という言葉は“足る”（十分にの意）からきたとされますが、これに鱈腹の字を当てるのは、タラが大食いで腹が膨れているからです。

タラコはスケソウダラの卵巣。そのまま食べるほか、辛しめんたいこに加工されます。精巣の白子も、あえ物、汁物、鍋物として食べられています。

鯉が踊れば泥鰌も踊る
——風格のある魚・鯉

魚同士の面白い対比

昔から伝えられたことわざ、いい伝えには、二つのものを対比させて、印象深い言葉として表したものがよく見られます。

「鯉《こい》が踊れば泥鰌《どじょう》も踊る」も、まさしくこのタイプの言葉。日頃、よく食べられてきた魚を二つ並べて、いかにも人間社会にありそうな〝踊る〟という行為を想定して、力のあるもの・高級なものと、力のないもの・下級のものとの振る舞いを示しているのがポイントです。

優れた能力を示すのがコイ、それに対して能力のないものの代表とされたドジョウ——コイやドジョウの間に、大きなランクづけがされているところに注目したいと思います。

階級社会と差別感覚の産物？

今では昔と違って、学校教育の中でも子どもたちの中に差別をつくらない、人間は平等だという考え方での教育が行われています。もちろん、経済的に家庭環境に差があっても、均等な教育の機会を与えられるというのが原則です。

優れた者をコイにたとえ、他方、それに対抗できない者をドジョウにたとえるのは、〝人権〟の上からは問題でしょう。江戸時代には、このような序列をつくることがよく行われました。ただ、現実には、この言葉が生まれた時代（たぶん江戸時代後期）と変わらず、現代でも人間社会の現実には、〝格差社会〟といわれるような厳しい実態があるのも確かです。

そこにことわざの持つ深い意味があり、さらに題材としてコイとドジョウという、身近に接していた魚をもってきたところに、日本の食文化との結びつきの上での興味深いものが感じられるのです。

確かに、風格のあるニシキゴイと、小さなドジョウとは違います。

寒い季節がおいしい

コイは一年中食べられますが、「寒鯉《かんごい》」といえば俳句の冬の季題。寒の時期には、特に脂がのっておいしいとされています。コイの代表料理の鯉こくは、胆のうを取ったコイを筒切りにして煮込んだもの。昔から産婦の乳の出を良くするとされてきた滋養食品です。

ここに挙げられた魚の優劣、ランクは別にして、ドジョウは俳句の季語では夏です。漢字では〝鰍〟と、魚偏に秋と書くこともありますが、日本では夏の食べ物。この字はカジカとも読みます。ドジョウは一般的には鰌の字を使います。ところが、朝鮮半島（南部）ではドジョウ料理の代表、チュオタン（ドジョウ汁）は、文字通り秋の訪れを告げる料理とされています。

タイに負けないコイの評価

コイとドジョウとの対比と同じように、日本での魚の扱いには、優劣を示して対《つい》になるような例がよく見られます。「鰯《いわし》も七度洗えば鯛《たい》の味」、「うちの鯛より隣の鰯」、「蝦《えび》で鯛を釣る」、「鯛の尾より鰯の頭」など、優れたものと価値のないものを対極に置いて、それぞれ人生の機微を教えているのです。

他方、中国で魚の中で最良とされるのがコイ。古くから「諸魚の長」と称され、縁起の良い魚とされてきました。好まれる魚はこのように国によって違います。スペインではメルルーサが、上等な魚とされているとのことです（三宅眞『世界の魚食文化』中公新書）。

食のミニ事典

コイ（鯉）

（英）carp
（学）*Syprinus carpio*

コイ科コイ属の温水性淡水魚で、中国大陸南部が原産といわれ、大陸と続いていた日本列島にも古くから棲息していました。縄文人の食卓にも上ったとされ、古くから食用とされてきました。魚の中では長寿で50～60年も生きること、生命力が強いことなどから、上等な魚とされ親しまれています。

中国に伝えられた、黄河の中流の三門峡の激流の滝を飛び越えたコイが竜になる、という伝説から、登竜門という言葉が生まれました。これもコイの生命力の強さを示すものです。

江戸の川柳の、「洗い鯉　つるべの滝にまたうたれ」は、この伝説の滝を詠み込んだものです。

調理法は洗い（刺身）、鯉こく、甘露煮のほか、中国料理の糖酯鯉魚《タンツウリィユィ》（丸揚げ甘酢あんかけ）もよく知られています。

煎り豆に花が咲く
——節分の豆まきにちなんで

節分の行事に欠かせない豆

　節分は節を分けるの意味で、文字通り季節の変わり目を示す言葉です。立春、立夏、立秋、立冬の前日にそれぞれ節分があるわけですが、ふつうに節分というと立春の前の春の初めの時期の節分のこととなります。立春の前の節分が特に行事として取り上げられたのは、長い冬を過ごして春を迎える喜びが、昔は現代以上に強かったためでしょう。

　節分の日に行う豆まきは、中国の古い習慣だった追儺《ついな》の行事が七世紀に日本に伝わり、神社や寺、宮廷などで、悪鬼を払う行事として行われていた習慣が定着したものです。以前は家庭でも豆まきは行われていたので、夜の住宅街に「鬼は外、福は内」の声が聞かれたものです。最近は少なくなりました。神社や仏閣などでは、人気の大相撲の力士などによる豆まきが行われています。

あり得ないことのたとえに

　豆には小豆のように、デンプンを主成分とするものが多いのですが、大豆は主成分はたんぱく質と脂肪です。デンプンは水を加えて加熱しなければ糊化しないので、小豆は煮なければ食べられません。その点、デンプンをほとんど含まない大豆は、煎《い》っただけでも食べられます。

　もっとも、煎れば酵素の活性も失われ、発芽することもなく、当然のことながら花が咲くわけがありません。そこで、「煎り豆に花が咲く」とは、絶対にあり得ないことのたとえにされます。それとは別の解釈として、いったん落ちぶれた者が、再び勢力を盛り返すという意味にも使われます。「枯れ木に花が咲く」も同じ意味です。

同様に、そんなことは考えられないという言葉として、「師走筍《たけのこ》寒茄子《なすび》」というのがあります。現在ではタケノコは水煮のものがいつでもあり、ナスもハウスもので周年供給される野菜となっているのでこの言葉もわからなくなっています。しかし、本来は十二月にタケノコがあるわけがない、寒の季節にナスがあるわけはない、ということで、これも望むべくもないことのたとえとして用いられたのでした。

「鰯の頭も信心から」

節分には、焼いた鰯《いわし》の頭を柊《ひいらぎ》やトベラ（海桐花）の小枝に刺して、戸口に飾って魔除けとする風習があります。魔除けのために醜いもの、恐ろしいものを飾る考え方はいろいろなところにあります。沖縄の家いえの屋根の門口に備えられているシーサー（獅子さんの意）もそうです。鰯の頭は何でも信心の対象とする例ともされます。

まいた豆への願い

豆まきのような風習が、季節の行事のひとつとして現代にもまだ残っているところに、人の心の問題の複雑な部分がみられるような気がします。昔は貴重なものだった食料の豆を捨ててしまうことは、できれば避けたかったはずです。それでも豆が使われたのは、その豆にいろいろの思いを託したからでしょう。「福は内」といった後は、福が出ていかないように戸をきちんと閉めました。そして、年の数だけの豆を食べる――。豆には、〝まめ〟に働けるように、健康に暮らせるようにという願いが込められていました。

食のミニ事典

ダイズ（大豆）

（英）soybean
（学）*Glicina max.* L. *Merrili*

食用とされるほか、油脂原料としても役立つ豆で、世界的に食糧資源として大切なものです。英語のsoybeanのsoyは、syoyuからきた語で、日本のしょうゆの原料とされるところから名づけられました。味噌の原料ともされるので、ミソマメとも呼ばれます。

世界全体では１億5000万t以上の生産があり、アメリカ、ブラジル、アルゼンチン、中国が主産地です。今では産額トップのアメリカの大豆も、もとは日本から伝えられたもので、江戸時代の幕末、ペリー提督への土産とされた日本の大豆がアメリカ大陸にもたらされた最初の大豆でした。

食品成分表には、国産大豆のほか、米国産、ブラジル産、中国産の記載があります。米国産は油脂量が多く、国産はたんぱく質含量が多いのが特徴。納豆や豆腐には日本の大豆が向いています。

その季節が好き

「一年のうち、どの季節が一番好きですか」と、よく聞かれることがあります。そんなとき、いつも返答に困ってしまいます。

冬の寒さに弱い、だから冬は嫌だという人もいます。夏の暑さに耐えられない、夏は嫌いという人もいます。多くの人は、いわゆる快適な気温の季節、春や秋が好きだというようですが、私は、この質問には、こんな答えをすることにしています。

「そうですね、どの季節が好きということはないんです。いつも、その季節が一番良いと思っています。好きというなら、どの季節も、みんな好きです」——と。

東京の寒さは、北国のそれに比べれば、さしたるものでないとしても、凍てつく朝、白い息を吐きながら駅に通う道みち、健康で生きている実感を噛みしめる気分が味わえます。

アスファルトジャングルといわれる近頃の都会の夏の暑さ——うだるような熱気にうんざりすることはあっても、だからこそ、日暮れて口にする冷たいビールの、のど越しの旨さを実感することもできるのです。

八方美人の答えはずるい、どうしても季節を選べといわれれば、それは関東ではまだ寒さの残る2月、ネコヤナギの芽の膨らみかける、かすかな春の胎動を感じる頃といえるでしょうか。春を待つ——そう、人は常に何かを待っているのでしょう。

番外編

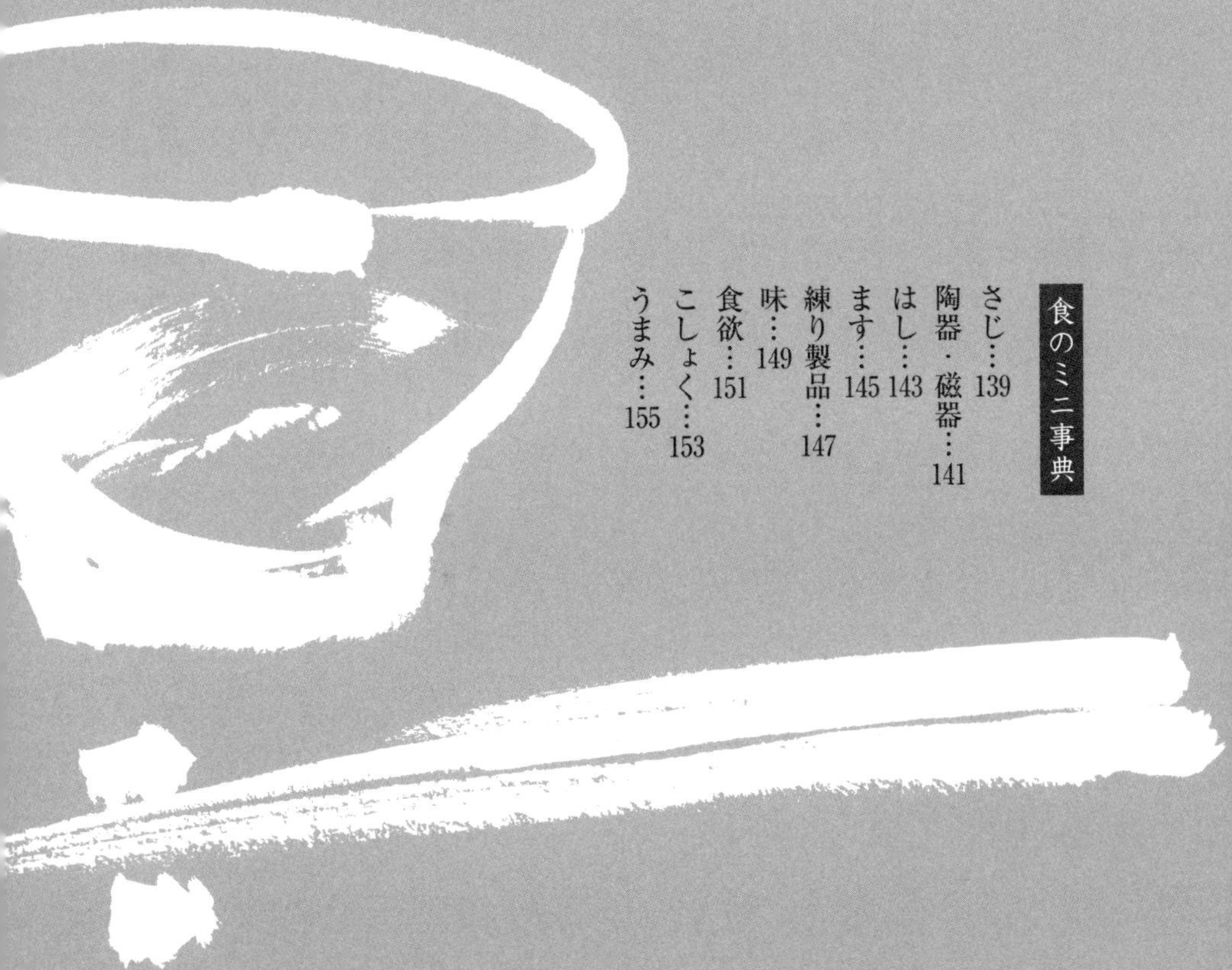

食のミニ事典

彼は銀のスプーンをくわえて生まれてきた

——匙をめぐる言葉いろいろ

出自に結びついた匙

「彼は銀のスプーンをくわえて生まれてきた」（He was born with a silver spoon in his mouth.）といえば、高貴な家柄の生まれということ。イギリスのことわざです。「木のスプーンをくわえて生まれてきた」といえば、貧しい家の出自を表しています。

十六世紀の頃、イギリスではスプーンが洗礼式の贈物だったこともあり、誕生のシンボルとされていたのでしょう。子どもの名づけ親がスプーンを贈る風習もあったようです。

「すべての者が銀のスプーンをくわえて生まれてきたわけではない」という言葉もあります。人間、決して平等というわけではなく、一人ひとりが出自による運命を背負っていることをいっています。

匙は〝医〟のシンボル

日本では椀が発達したことにより、匙《さじ》は日常の食事に登場してきませんでした。日本で匙のつく言葉となると、ほとんど医者が薬を調合するための匙についてのもので、この場合、いわば匙は医術のシンボルとして扱われています。

「匙を投げる」は、今でも使われる言葉で、「働く気のないあの息子、あそこの親も匙を投げてるんじゃないか」などと、どうにもしようがない場合をいう言葉です。ここで出てくる匙は、これは食卓でカレーを食べるスプーンではなくて、薬を調合する薬匙です。昔、医者が治る見込みのない重症の患者に、もう尽くす手は尽くした、薬もあきらめるしかないという状況を示した言葉がこれです。

このほかの匙のついた言葉も、すべて医療の分野からきた言葉です。「匙が回る」は薬の調合がうまい、医道に通じているというほめ言葉。逆に医術よりも口先だけのやぶ医者は、「匙の先より口の先」と皮肉られました。

匙が中心の朝鮮半島の食作法

箸中心の日本料理の食べ方に対して、韓国料理では箸よりも匙が主役となります。箸（チョッカラ）と匙（スッカラ）とを一緒に呼ぶときには、匙が先（スチョ）となる――それだけ匙のウエイトが大きいのです。ご飯を食べるときには匙で口に運ぶのが正しい食べ方で、箸はおかずを取るときだけに使います。

　同じ箸文化圏と呼ばれる地域で、しかも米飯が主食であるという共通点があっても、食作法は一様ではありません。

用心深く長いスプーンで

「悪魔とともに食事をする者は長いスプーンを持たねばならない」（He who sups with the devil needs a long spoon.）――これもイギリスのことわざで、警戒しなければならない人物と食事するときには、気を許して油断してはいけないということでしょう。

　長いスプーンで食事をするということは、料理をよく見て食べることになり、ゆっくりと扱うので時間もかかります。慎重に振舞うことをすすめた言葉です。

食のミニ事典

さじ（匙）

（英）spoon

　サジの音は茶匙（サシ）からきたもの。12世紀以降、鎌倉時代からの呼称で、古くはカイと呼ばれました。貝殻に形が似ていたからともいわれます。もちろん、貝殻などのないところでは、木片を削って汁物をすくう道具を作ったと考えられます。

　陶磁器、金属、動物の骨、石など、さまざまな素材で匙は作られてきました。ヤシの実やヒョウタンなどの凹んだ形のものも利用されています。用途別にスープスプーン、一般的なティースプーン、小さなデミタススプーン、先の割れたメロン用スプーン、底の平らなイチゴ用スプーンなどがあります。

　日本でも縄文時代に石で作った杓子《しゃくし》があり、弥生時代には木製の匙があったことが知られています。平安時代には、貴族は食卓に箸《はし》と匙を置いていました。

食器は料理の着物

——眼で食べることも　味わいのうち

木の葉は天然の食器

ちまきは茅巻がその名の起こりで、チガヤの葉でくるんだもの。植物の葉は、食べることとは別に、食べ物を包んだり載せたりと、包装材や食器の役割を果たしています。包んだものには笹餅《ささもち》、笹団子があります。

食器の始まりはといえば、これは人間の手のひらです。手のひらに載せて食べるよりも、何か平らなものに食べ物を置いたほうが便利なので、大きな木の葉や貝殻などが使われました。これが茶碗や皿へと形を変えていきます。

特に見た目を重んじる日本料理では、どんな器に盛りつけるかは、料理の出来栄えを左右する大事なポイントです。このことを示したのが、「食器は料理の着物」という言葉です。

〝ご飯〟と〝ライス〟はどう違う？

どんな器に入れるかによって食べ物の呼称が変わってくることもあります。厳密な言い方ではありませんが、イメージとしては、茶碗やどんぶりに盛られるとご飯、皿に盛られるとライスとなることもあります。中身は同じでも、洋装と和装とで呼び名が変わるということでしょう。

「食器は料理の着物」と同じ意味で、「料理は器」という言葉もあります。食器が良いと料理もおいしそうに見えることは確か。さらには盛りつけの方法によっても、見た目の感じが違ってきます。日本料理では夏と冬とでは盛りつけにも気を配り、夏は皿の空白部分を冬よりも多くして、涼しげな雰囲気を感じさせるようにするとされます。

入れ物を重視した「食器は料理の着物」や「料理は器」に対して、反対に中身こそが大事だと強調した言葉もあります。

実質本位は「椀より正味」

「椀より正味」は、まさに器はどうでもいい、中身が大切ということをいった言葉。逆の意味の言葉が、常に用意されているのが、面白いところです。フランスのことわざにも、「小さな料理を大きな皿に盛る」というのがあります。これは大げさに人を迎えるような態度を皮肉った言葉とされますが、見かけだけを重視するという点では、文字通り無理をして背伸びをした食卓の演出過剰の状態を示しているといえるものです。

重さも大事なポイント

お伽噺《とぎばなし》の一寸法師の話に出てくるのが、お椀の舟と箸の櫂《かい》。この場合、お椀は木でできているからこそ、舟のように水に浮くわけで、木の椀が日本で広く発達していたことを示しています。

磁器や陶器でできている茶碗が重たいのに対して、木の椀は軽いので口元に運びやすい――そこから汁物を直接に口に入れる日本のマナーが出来上がりました。スープ皿に直接に口をつけることは、ヨーロッパなどの食作法では何とも不作法なことですが、日本では汁椀を直接、口に運びます。汁物の飲み方は日本独特のものです。

食器は軽いほうが便利ですが、逆にある程度の重みが必要となる場合もあります。紙コップで飲むビール、ガラスや陶磁器のジョッキで飲むビールに比べて頼りないのは、飲むという動作に手に感じる重さの感覚が微妙に関係していることを示しています。冷たい飲物では、手に伝わるグラスの温度も大切です。

食のミニ事典

陶器・磁器

(英)pottery, china

食器の材質は木、竹、陶器、磁器、石器(せっき)、ガラス、金属、プラスチック、紙とさまざまです。最も多いのが陶磁器。鉱物質を原料とした器は、ひと口に陶磁器といいますが、原料と焼成温度によって分類されます。

土器;素地が多孔質、吸水性があり、うわぐすりがない。焼成温度は700～900℃(例;かわら、こんろ、植木鉢)。

陶器;素地が多孔質、うわぐすりがある。焼成温度は800～1,000℃(例:衛生陶器、信楽焼、薩摩焼)(焼成温度が1,200～1,300℃と高いものもある)。

磁器;素地が緻密、うわぐすりがある。焼成温度は1,300～1,400℃(例:一般食器、化学用るつぼ)。

古く陶磁器、特に高温で焼成する磁器が中国で発達し、これがヨーロッパに伝えられたので、英語で磁器はchinaと呼ばれています。

箸にも棒にもかからぬ
——食べるための道具が語るもの

食具のいろいろ

箸《はし》や匙《さじ》はデパートでは食器売り場・調理器具の売り場で売られていますが、食器は本来は字の通り〝器〟で、これは食べ物を入れる入れ物。箸や匙は食べるための道具なので、食器と区別して、食具と呼ぶこともあります。

世界各地の食べ方を眺めてみると、最も多いのは手で食べる食べ方、次に箸やフォークとナイフを使う食べ方で、ごく大ざっぱにいって、手食4、箸食3、フォーク食3の割合となっています。つまり人類の半数近くは、手で食事を食べているということです。これは、手で食べる地域がアフリカや南アジアの人口の増加の大きい地帯に広がっていることによっています。

食具としての匙はどこにも共通しています。朝鮮半島のように、米飯は匙で食べるのがマナー、といった地域もあります。ここでは匙を置くと食事は終了となります。

日本では箸が中心

箸を使う地域、箸文化圏の中でも日本は特に箸の扱い方が発達した所です。日本食とされる料理のうち、匙を使うのは茶碗蒸しぐらいのもので、汁物も直接に汁椀を口につけてすすり、匙は使いません。それだけに箸の位置づけは大きいといえます。

「箸にも棒にもかからぬ」は、細い箸を使っても、多少太い棒を使っても、何としても引っかからない、つまりどんな手だてを施してもどうにもならないということで、まったく役立たずの人間への悪罵《あくば》の言葉。

箸を使う日本でのこの表現に対して、フランスには「彼にはどんなソースをかけたらよいかわからない」という言葉があります。

箸のマナーをめぐる言葉

日本では箸が中心の食べ方が広がってきたので、箸に関する言葉はたくさんあります。どれを食べようかと料理に近づけた箸を動かすのが「迷い箸」、取りかけたおかずをほかのものに変えるのが「移り箸」、箸で皿ごと手前に引き寄せるのが「寄せ箸」と、それぞれタブーに固有の言葉があります。

基本となる箸の持ち方にも、昔から「嫌い箸」といって無作法な持ち方の表現がありました。箸の先端近くを持つのが「先箸」、中央付近を持つのが「中箸」、頭部を持つのが「天箸」です。極端に短かったり長かったりする箸では、扱い上、指の位置は変わってくることもありますが、見た目に安定感があって、しかも操作しやすいのは、箸先から三分の二あたり、中ほどからやや上に指を添える持ち方とされています。

行儀を示す箸の上げ下ろし

何でも人に頼って自分では何もしない身分であっても、箸は持つ——そこで、箸のように軽いものしか持ったことがない、力仕事は何もしない人をあざけるようなときに、「箸より重いものは持ったことがない」といいます。

箸の扱いは食べること、つまりは生活することの基本の動作です。その小さな動作に対して、細かい文句や小言をいうのが、「箸の上げ下ろしにも小言をいう」です。「箸を取る」「箸をつける」は食べ始めること、「箸を休める」は食べている途中で休むこと、「箸を置く」は食事を終えること、というように、箸中心の日本の食文化独自の表現がたくさんあります。

食のミニ事典

はし（箸）

（英）chopsticks

箸はもともと中国で使われていて、これがアジア各地に広まりました。箸文化圏といわれるのは、日本、朝鮮半島、中国、ベトナムですが、中国料理、特に麺類の普及で、タイやミャンマーにも箸は欠かせない食具となっています。

材質は木、竹、象牙、動物の骨、金属、プラスチックといろいろです。韓国料理では金属の箸を使います。

割り箸は日本独特のもので、江戸時代にすでに使われていました。日本式の割り箸が、今では各国に普及しています。日本の箸は種類や様式など、最も多様で奥が深いものです。

箸にちなんだ行事（儀礼）もあります。生まれて100日（70日、120日とも）を祝う「箸初め」（箸揃え、箸立ち）には柳の箸を使います。「末期《まつご》の水」では、割り箸に脱脂綿を糸でしばり、死者の口を清めます。

升で量って箕でこぼす

——要所を押さえることがポイント

思わぬところで無駄が

最近、アメリカスタイルの大量販売型の店舗が登場しています。会員制で年会費何千円かを払うと、会員証が交付されて会員と同伴者だけが店に入れるというしくみです。積み上げられた商品は目を見張るばかりのボリュームで、スーパーとはいいながらレジャー用のゴムボートまで並んでいる——。

食品では肉も大きなブロックで山積み、ピーマンなども1kgのパッケージです。単価は確かに安いので、つい大量に買い込みます。店内のカートもリヤカーのような大型。この種の店では、だれもがかなりの量の商品を買っていきます。

ところで、安いからといってたくさん買ったあげく、使いきれないで残ったものを腐らせてしまったとなると、たとえ単価は安くても、結果としては高い買い物になってしまいます。

「升《ます》で量って箕《み》でこぼす」は、細かいところに気を配っても、もっと大きなところでミスがあれば、物事はうまくいかない、と教えた言葉です。

箕は脱穀した穀物を入れて、少しずつ落としながら風で穀粒と籾殻とに分けるための道具です。

「升で量るほどある」

升は今でも升酒として使われているように、木製の四角い箱。現在は計量カップが升にとって替わりましたが、今でも豆の売り場などでは升が使われることもあります。

穀物を升で細かく計量している一方で、箕の扱いのときに周囲にこぼしていれば、小さな升で正確に量ろうとすることもナンセンスだ、ということです。

升は洋の東西を問わず、古くから使われてきました。アラビアンナイト（『千一夜物語』）の有名なアリババの話では、アリババが盗賊の洞窟から持ってきた金貨を量るために、兄のカシムの家に升を借りにいきます。カシムの奥さんは悪知恵の働く女で、アリババが何を量るのか疑って、升の底にもち（粘りのある液体）を塗っておきます。借りた升を返しに行ったとき、その升の底に一枚の金貨が張りついたままになっていたことで、アリババが金貨を量ったのが知られてしまう…。

たくさんのものは升で量るということでしょう。日本でも「升で量るほどある」というと、たくさんのものがあることを示すことになります。

「一斗の餅に五升のとり粉」

ひとつのことにとらわれて全体を見ないということでは、これも升に関係する言葉で、「一斗の餅《もち》に五升のとり粉」というのがあります。

一斗は一升の十倍。つまり一斗の米を餅にするときには、そのほかにとり粉がたくさん必要となるというのです。とり粉は餅をついたときにまぶす粉で、実際には五升もいらないとしても、その準備をしておかなくてはいけないとの戒めです。

食のミニ事典

ます（升）

（英）square wooden measuring box

枡、斗の字も使われます。四角い木の箱で計量の基本とされるものです。升は四角いものなので、席を四角く区切った相撲の観客席のことを升席と呼ぶようになりました。

メートル法が施行された1959年（昭和34年）以前は、日本では尺貫法が使われていて、升が穀類の計量には欠かせないものでした。

単位は時代によって変化してきたもので、１升という単位も古くは中国では唐の時代、１升は４合だったといいます。日本では中世以来、いろいろな大きさの升が使われて混乱したので、豊臣秀吉が量制の統一をはかったのが京升と呼ばれるものです。この京升が全国に広まりました。江戸時代、領主が升を大きくして公定升として年貢米の徴収を多くしたということです。このようなことのないよう、現在は計量器は計量法で規格を厳格に定めています。

材料七分に腕三分

――取り合わせで豊かな食卓を

何より良い素材を

料理作りにあたっては、まず材料を揃えます。素材の良さを十分に生かすのは作り手の腕です。ただし、材料の質が良くなければ、どんなに腕利きの料理人でも、良いものは作れません。

「材料七分に腕三分」は、このことをいった言葉。とくに魚や野菜などの新鮮さが要求される場合には、何より素材の良さが大切です。ただ、この言葉、職人が自分の技術を謙遜していっているとも考えられます。良い腕といわれることがあるけれど、その業《わざ》は半分以下、天然素材の良いものに助けられて料理は出来上がるのだといった、ニュアンスも感じられるのです。

さらに、料理はさまざまな材料の取り合わせがあって、初めて出来上がります。その組み合わせで作られるのが惣菜、おかずです。

〝海のもの〟と〝山のもの〟

もう何年も前のこと、ベストセラーとなった『窓際のトットちゃん』――。この中で黒柳徹子さんが、トットちゃんが通っていたトモエ学園の昼食のことを書いていました。べんとう持参の昼食、このとき担任の小林先生が、子どものおべんとうを見て回ります。先生は子どもたちに、おべんとうのおかずには、海のものと山のものとを入れてくるように指導しています。海のものは魚や貝、山のものは野菜や豆です。そして、もしもどちらかが入っていないときには、先生がそれを用意していて、その子どもにあげるというのです。

文部科学省、厚生労働省、農林水産省（平成十二年三月）が共同で作った現在の「食生活指針」には、十項目の三番目に、「主食、主菜、副菜を基本に、食事のバランスを」とあります。そのサブ項目は「多様な食品を組み合わせましょう」です。

「おかずは品数」

確かに、「おかずは品数」で、材料のバランスを考えて、海のものと山のものを取り合わせていくことの知恵を知ることで、食事内容はそれなりに向上するのです。身近な言葉での教えが、ここに生きています。

よい材料は必要ですが、要はそれらをどう組み合わせるかです。ひとつの食材からどんな料理を作るか、そこに作り手の腕の見せ所があります。さまざまな調理法で、同じ食品がいろいろに変化することによって、バラエティに富んだ料理が出来上がります。

主食に対する副食、おかずの語源は「数物《かずもの》」で、このかずに女房詞《ことば》の〝お〟がついておかずとなりました。「おかずは品数」は、おかずは一品だけでなく、取り合わせが大切なことをいっています。〝海のもの〟と〝山のもの〟の発想です。

もちろん、おかずは品数だけが多ければよいというものではありません。必要にして十分な品数で、豊かな食卓をということです。

「采配は菜配」

采配《さいはい》は昔の軍で、兵卒を指揮する者が使った、ふさの付いた棒のこと。そこで「采配を振る」は指揮をする、指導力を持つという意味となりました。

「采配は菜配」は、これをもじった言葉で、食事の菜、要はおかずを工面することこそが大切、食べることが第一という意味となります。

食のミニ事典

練り製品

(英)fish paste products

魚肉に食塩を加えてすりつぶし、ペースト状にしたものを成型して加熱した水産加工品の総称。日本独自の加工食品です。加熱の方法によって違ったタイプのものができます。蒸したものがかまぼこ、揚げたものはさつまあげ(食品成分表では別名あげはん)です。

食塩を加えると、魚肉中の塩溶性のたんぱく質が溶け出し、これが加熱によってゲル化して、独特の弾力が生まれます。この弾力(粘弾性)がアシと呼ばれます。

スケソウダラのように、本来、アシが強くない魚肉では、ポリリン酸塩とブドウ糖などの糖類を加えて冷凍すり身として利用されます。アシの補強や増量材として、デンプンを加えることも行われています。

宮城県の笹かまぼこ、富山県の飾りかまぼこなど、各地に特産品としての練り製品があります。

味は塩にあり

——味をめぐる言葉いろいろ

塩梅の大切さ

最近はあまり聞かれなくなりましたが、暑くもなく寒くもなく、快適な季節の挨拶に、「いい塩梅《あんばい》ですね」ということがあります。「按排」「按配」の字も当てられます。この言葉、本来は塩加減と梅の酸味の調和を表した言葉です。梅干しを漬けたときの梅酢の味の頃合いをいうもので、物事の加減、ほどよい様子をいいます。ちょうどタイムリーに事が運んだときにも、「いい塩梅に間に合った」などと使われます。

要は味というものは、塩味と酸味とがほどよくバランスが取れていることが大切だということです。酸味は、まさにその微妙な濃度の組み合わせによって、さまざまな味を作りだします。酸味と塩味との組み合わせの、ちょうど良いバランスが塩梅です。「味は塩にあり」は、その味つけの基本は塩加減が何より大切、ということを教えた言葉です。

味をめぐる言葉いろいろ

味は味覚神経によって感知される食べ物の備えている特徴(属性)のひとつです。人間の五感、視覚、聴覚、味覚、嗅覚、触覚のうち、味覚が関与するものですが、味という言葉は、日常はもっと広い意味で使われています。

「味わい深い」といえば、おいしさの極みという意味につながり、物事の趣があるということになります。「味なことをする」といえば、気の利いたことをするということです。

いったん味の良さを知ってしまった後は、また折があればその味を体験したいと人は望みます。これが「味を占める」という言葉となりました。この言葉は、食べ物とは関係なく、一度経験した利益、旨味のある機会などを、再び望むような場合に使われます。「初めて買った馬券でもうけたので味を占めて、競馬に凝りだした」のように使われます。

味が大切なものだから

こうしてみてくると、やはり味は良いもの、価値あるものという意味に用いられることが多いようです。そこで、味が良くないことは「味気ない」となり、「味も素気もない」といえば、少しも趣が感じられない、魅力がない、面白みがないということになります。

〝味のある〟話も繰り返し聞けば面白みは感じられなくなります。これが「珍談も再び語れば味わいなし」です。お年寄りの若い時代の自慢話などを、「おじいちゃん、また、その話?」などとからかわれるケースは、よくあるのではないでしょうか。ここにも〝味わい〟が使われています。

酸いも甘いも経験

基本の味の甘味と酸味とを並べて「酸いも甘いも噛み分ける」として、これは人生の豊富な体験になぞらえられます。別に味の体験をいっているわけではありませんが、この場合、酸いはつらい体験、甘いは楽しい体験です。これはほめ言葉として使われます。

一方、味についての言葉から離れて、人生体験の豊富さを悪い意味で表現したのが、「海千山千」です。好意的に評価するか、悪口として使うかは、相手と時と場合で決まってきます。いずれにしても、味に関係した言葉は、日本語の豊かな表現に、随分大きな貢献をしていることがわかります。

食のミニ事典

味

(英)taste, flavor

“あじ”は旧かな遣いでは“あぢ”と書きます。味という言葉の語源は、アマチ(甘い乳)で母乳の味からきたという説もあります。人間が最初に味わうのは、まさしく母乳です。母乳には乳糖が牛乳より多く含まれています。文字通り甘い乳が、赤ちゃんが出会う初めての味です。

味という字は、口偏に未。未は細い木の枝を強調した象形文字で、細く、これから成長するので“いまだし”の意味となりました。口の中で微細に吟味する、という意味が味の字となりました。

英語では基本の味はtaste、味わい、風味という意味ではflavorが使われます。味覚情報は舌にある味細胞に連なった味覚神経を通って脳に伝えられます。さらに大脳皮質の連合野で、統合された感覚として受けとるという、複雑なメカニズムが働いています。

腹八分に医者いらず
——満腹と空腹とのバランス

空腹をめぐる言葉

　世界の人口は65億人。『世界がもし100人の村だったら・たべもの編』（マガジンハウス）の表現では、100人のうち12人は、戦争や干ばつや洪水や砂漠化のために、いつもお腹をすかしています。過食による肥満や、栄養過多による疾患が大きな問題となっている一方で、現在でも空腹は人類としては解消されていないのです。空腹という言葉をめぐっては、さまざまな思いが綴られてきました。ソクラテスの言葉とされる「空腹は最良のソース」も、そのひとつです。

　イギリス、ドイツ、フランス、イタリアなどに、似た表現はたくさんあります。「空腹は最良の料理人」、「空き腹にまずいものなし」など。空腹感が直接には食欲と結びつくわけで、同じような意味で、「食欲が最良の料理人」、「食欲はソースを必要とせず」、「食欲というソースほどよいソースはない」というのもあります。

　ヨーロッパの料理は、一般に味つけのためのソースに手をかけるのが特徴です。ここでいうソースという言葉は、料理そのものを表すものです。身体を動かして空腹の状態ならば、確かに食事はおいしい。もっとも、これはある程度の食べ物が得られた上での話で、今世界の一部の貧困地域での、絶対的な飢餓の状況のもとでは、むなしい言葉の遊びとされてしまうかもしれません。

ほどほどに食べるのが難しい

　人間の欲望は貪欲なもので、ともすると度を越してそれを追い求める——エジプトの王朝時代の壁画にも、食べ過ぎて吐いている様子が描かれたものがあります。

　食べ過ぎを戒めた言葉で、よく

知られたのが、「腹八分に医者いらず」。満腹の手前、八分目というところがミソで、もう少し欲しいと余裕を残して終わりにする。そのような食べ方をしていれば健康で過ごすことができる、だから医者にかかることもない、ということをいっています。〝医者いらず〟といった表現はよく使われ、例えば「だいこんおろしに医者いらず」と、ダイコンの効用を強調するような場合にも使われます。

大食の逆が小食で、これも食べ過ぎないほうが健康に良いというのを、「鶴の小食、千年生きる」と、長生きとされる鶴を引き合いに出しての〝小食（少食）のすすめ〟があります。実際には鶴の寿命は長くて80年ほどといいますが、要は長生きをするためには過食はいけないというのです。鶴は雑食で、いろいろなものを少しずつ食べます。それが小食に見えたのでしょう。昔の人はよく周囲の動物の生態を観察していたものと感心させられます。

健康維持のための出費を

英語のことわざで、「医者に払うより肉屋に払うほうがまし」（Better pay the butcher than the doctor.）というのがあります。病気になれば医者通いをして、そこに治療費がかかる、それよりも健康に過ごせるように十分に食事に注意を払ったほうが良いというのです。そのために、肉屋に支払う分は、それは健康を買っていることになります。

小麦から作るパンが食事の中心だったヨーロッパでは、パンに不足しているアミノ酸（リジン）の栄養価を補う意味で、肉は大切な食材でした。

食のミニ事典

食欲

(英)appetite

文字通り食べたいという欲求ですが、基本的に空腹感を満たしたいという食欲と、食べたいものを選択して起こる狭い意味の食欲とに分けられます。“食欲をそそる匂い”というときの食欲は、狭い意味の食欲ということになります。このような食欲は、それまでに体験した食事や、精神的なものが働いて起こります。

胃が空になると空腹感が起こるように思われますが、そうではなく、脳の視床下部という部分にある摂食中枢（空腹中枢）というところが刺激されることで空腹感が生まれます。逆に、満腹感はこの近くの満腹中枢が刺激されることによって起こります。

“腹八分”とほどほどのところで箸を置くためには、生理的な満腹感とは少し離れたところでの、理性的な判断が必要になるということでしょう。

一人口は食えぬが二人口は食える

――若い二人への励まし

半分のキャベツは割高だが

ひとり暮らしや夫婦二人の世帯向けに、白菜やキャベツなど、半分にカットしたものが売られています。白菜では四分の一のものもあります。確かに、大きなものひとつを買って使い切れずに傷んでしまって捨てることを考えると、この小口の販売方法は合理的です。

現在、全国で出される廃棄物（産業廃棄物を除いた一般のゴミ）の量は、およそ5000万t、東京ドーム百三十八杯分とされています。このうち生ゴミの占める割合は約三割、東京ドーム四十杯分です。この中には、いわゆる不可食部分、食品成分表の廃棄率に当たるものも含まれますが、同時にまだ食べられる状態のものも入っています。ホテルなどの宴会で残された料理のように、十分に食べられるものが、実際にはかなり捨てられてゴミとされます。

まとまれば無駄が省ける

大きな数字に驚かされる一方で、実は小さなところで、消費の在り方に気を配ることも必要です。小口の販売方法は、無駄を省く生活に役立っていることになります。

ひとり暮らしで食材にロスが出るということは、そのロスの分をだれかが食べられるというわけで、二人分を作れば無駄はなくなります。料理の手間も光熱費も、ひとり分と二人分とで、そんなに変わるものではありません。

「一人口は食えぬが二人口は食える」は、ひとり暮らしで食事を十分に食べられない者でも、二人で暮らすことで何とか相互の無駄を省き、二人が食べていかれるということを示した言葉です。

今では状況は多少違うかもしれ

ません。コンビニ弁当をひとりなら一個、二人なら二個買うとなると、これは費用は二倍になります。けれども、材料を買ってきて、すべてが手作りだった時代には、ひとりと二人とを対比させて、結婚を控えた二人を励ますこの言葉は、それなりに意味深いものだったのでしょう。

結婚前と、結婚後とでは…

こちらは英語のことわざ——

「結婚前には目を大きく見開き、結婚後は半眼を閉じておけ」(Keep your eyes wide open before marriage, and half shut afterwards)。結婚した二人が食事を一緒にするようになると、食事の好みの違いもわかることに。仲良く暮らすコツは、ある程度は目をつぶれというのです。

これは確かにいえることでしょう。ただ、ここでも食べることは大事です。「うまいものは宵に食え、腹の立つことは明日言え」といったのは、あの雷雨の中で凧をあげて空中電気の証明をしたベンジャミン・フランクリン。多才な彼は科学者であると同時に政治家でもありました。その著書『貧しいリチャードの暦』にあるのが上の言葉です。おいしいものは傷まないうちに早く食べる、そして何か文句のあるときは、それは先に延ばすことで自分が反省することもある、というのです。

食のミニ事典

こしょく(孤食・個食)

ひとりでする食事が孤食ですが、孤食という言い方は、子どもが塾通いなどのため、家族とは別にひとりで食べる状況をいうものとして広まったものです。

個食の字を当てることもありますが、個食はひとり用のパッケージの食事や、家族がバラバラのメニューを注文したときなどにも使われます。個食マーケットといえば、総菜がひとり用に包装された販売形態の市場のこと。

コショクの語呂合わせで、めん・パンなどの粉食をコショクと読ませ、現代は３つのコショクが進んでいる、などの言い方もされています。

料理のレシピに使われる人数分の材料にしても、以前は４人分というのが多かったのですが、世帯の人数が少なくなって、状況は変わっています。市販の料理書には、一人分としたものも出ています。

食わせておいて さてと言い
——食べることの効用はいろいろ

「お茶でも…」という誘い

日常の会話には、考えてみると言っている言葉の内容と、期待する行動とが一致しないことがよくあります。人を誘って話をするのに、「お茶でも飲みましょう」と言って、行くところは喫茶店。そこにはお茶（日本では緑茶）はなく、飲むのはコーヒーです。〝お茶を飲む〟という言葉は、かなり古くから使われてきました。昭和の初め、当時の歌にも「お茶を飲んでもニュースを見ても…」という文句がありました。〝ニュースを見る〟は当時流行したニュース映画を上映する映画館に行くこと。喫茶店に入ってくつろぐことは、街の風俗として定着していました。

同じように、「食事でも一緒に…」と言うと、これはお茶を飲むよりも、もう一歩踏み込んで、付き合いの密度はさらに深くなります。

親しみを込めて飲食を共にするという、本来の意味の付き合いのほかに、食事の場所は何らかの意図をもって相手に頼みごとを依頼するチャンスともなります。この場合、〝お茶〟では済まない、やはり食事でなければなりません。

そこで、相手に聞いて欲しい、力になって欲しいという気持ちを心の内に持ちながら、まずは食事に誘う——その上で本題の頼みごとを持ち出す、という段どりを示した言葉が「食わせておいて さてと言い」です。

うまい話には注意を

「食わせておいて さてと言い」は、どちらかというと、頼みにくいことを頼んだり、何か下心があって、相手が嫌がるようなことを何とか説得しようとするような状況をいった言葉です。このような場合、説得しようとする側では、マイナスになるようなことはなるべく言わず、いいことずくめに話を進めようとします。もちろん、その席には、それなりのご馳走《ちそう》を用意しているでしょう。

もし相手に妙な下心があるとすれば、接待されたほうは用心を。世間は善人ばかりとは限らない、相手の口車に乗せられて、とんだ貧乏くじを引かされるとも限らない――。こんなときに教訓となる言葉が「旨いもの食わす人に油断するな」です。

もとより、ここでいう〝旨いもの〟はストレートにおいしい食べ物ということではなく、うまい話、出来過ぎた話、安易なもうけ口などを示しています。それを〝旨いもの〟と表現しているのです。ここにも、食べることが人生の大きな関心事であり、社会生活に欠かすことのできない一面であることが示されています。

「旨いものは宵に食え」

こちらは素直に旨いものを取り上げた言葉。おいしい食べ物はなるべく早く、味の変わらぬうちに食べたほうが良い、と教えたのが「旨いものは宵に食え」です。人情として、翌日にまで持ち越してゆっくりと味わいたい気持ちもある、けれども味は変わるもの、おいしい今が大事というのです。味の変わらないうちに食べる、冷蔵庫がなかった昔は、現在以上にこれはいえたことでしょう。

同じ食卓を囲む楽しさとは別に、食卓は人生の駆け引きの場所ともなります。そこに〝旨いもの〟が常に並びます。その旨さを囲みながら、いつの時代にも、複雑な人生模様が描かれていきます。

食のミニ事典

うまみ（旨味）

(英)umami

古くから味の基本として挙げられていたのが、甘、酸、塩、苦の四原味。最近ではこれに旨味が加わり、五味といわれるようになりました。旨味はグルタミン酸、イノシン酸、グアニル酸などの味で、それぞれ、コンブ、かつおぶし、シイタケの味として知られています。

旨味の研究は日本で進められたことによって、旨味（うまみ）という用語がそのまま umami として世界で通用するようになりました。単品、あるいは複合調味料として用いられている製品も、旨味調味料という言い方がしだいに定着してきています。

味としての旨味の特徴は、味の相乗効果があることです。相乗効果とは、1＋1が2ではなく、2以上の効果が表れることで、コンブに含まれるグルタミン酸と、かつおぶしに含まれるイノシン酸とで、単独のときよりも旨味が強まることが知られています。

断然多い手のつくことわざ

手――脊椎動物の前肢の末端部分の総称。腕骨、掌骨、指骨からなり、各種の筋肉に覆われ、物をつかむために発達している――と、これは辞典にある手の定義です。ただ、社会生活のあれこれを考えると、このような機能的な働きのほかに、手にはもっともっと深い、社会的・文化的とでもいえる、さまざまの意味や役割があります。

国語辞典の“手”の項目に載っている“手”のつくことわざやいいまわしを数えてみました。全8巻の大部の『日本国語大辞典』と、辞典のスタンダードとされる『広辞苑』――。手の項目にある言葉、例えば「手が早い」「手をつける」など、頭に手のつく言葉の類は、前者で228、後者で65と、足や頭などに比べても断然多いのです。

ちなみに、足は96と23、頭は58と19、「脳ある鷹は爪をかくす」など、脳は多いのですが116と38で、それでも手には及びません。「猫の手も借りたい」のように、後に手のつく言葉も、たくさんあります。

手は“第二の脳”といわれます。手を使うことで、人間は他の動物と違った独自の道を歩み始めました。樹上生活をしていた遥か遠い時代の人類の先祖が、二足歩行によって手が使えるようになり、道具を作り、さらに火を扱えるようになります。火の利用こそが、食生活の広がりへの第一歩です。

手と道具――そこには人類の進化の大きな歩みが投影されています。

索引（五十音順）

沢野　勉
1932年東京生まれ。東京農工大学農学部農芸化学科卒。(財)労働科学研究所研究員、東京文化短期大学教授を経て、現在、NPO法人湘南栄養指導センター理事長、十文字学園女子大学講師、東京文化短期大学名誉教授。日本風俗史学会理事。著書に『食生活情報ハンドブック』(学建書院)、『花見過ぎたらカキ食うな・ことわざ食生活の知恵』『食べる生きる育つ』『歌でつづる食の昭和史』(以上芽ばえ社)、『標準食品学各論』(編著・医歯薬出版)など。月刊『学校給食』(全国学校給食協会)に「食のことば」連載中。

食のことわざ春夏秋冬
語りつがれる「食育」の宝庫

2006年12月1日　発行
2007年3月20日　第2刷発行

著者　沢野　勉
発行者　細井壯一
発行所　全国学校給食協会
〒102-0074　東京都千代田区九段南2-5-10九段鶴屋ビル１Ｆ
TEL　03-3262-0814　FAX　03-3262-0717
振替　00140-8-60732番
＜ホームページアドレス＞http://www.school-lunch.co.jp

印刷　株式会社　技秀堂
製本　中村製本所

ISBN978-4-88132-054-9